Schriftenreihe
Gewerkschaftspolitische Studien
Band 20

Kristina Henss
Lothar Mikos

Personal-Informationssysteme

Der große Bruder im Betrieb

Verlag Die Arbeitswelt

Die Autoren:

Kristina Henss:
Geb. 1959; Diplom-Journalistin, Mitglied der Kreuzberg Neuköllner Anti-Kabel-Gruppe (KNAK), lebt in Berlin; Arbeitsschwerpunkte; Personal-Informationssysteme, Neue Technologien und Frauenarbeit.

Lothar Mikos:
Geb. 1954; Diplom-Soziologe, Mitglied der Rundfunk-Fernseh-Film-Union (RFFU), lebt in Berlin; Arbeitsschwerpunkte: Personal-Informationssysteme, Folgewirkungen neuer Technologien, Medienrezeption und Alltagswelt.

CIP-Kurztitelaufnahme der Deutschen Bibliothek

Henss, Kristina:
Personalinformationssysteme - der große Bruder
im Betrieb / Kristina Henss; Lothar Mikos. -
1. - 2. Tsd. - Berlin: Verlag Die Arbeitswelt,
1983.
(Schriftenreihe gewerkschaftspolitische
Studien; Bd. 20)
ISBN 3-88114-304-1
NE: Mikos, Lothar:; GT

Copyright © Verlag Die Arbeitswelt GmbH Berlin 1983
Alle Rechte - auch das der Übersetzung - vorbehalten
Redaktion und Verlag Grimmstraße 27, 1000 Berlin 61
Umschlaggestaltung: Harald Weller, Berlin
Karikaturen/Grafik: Klaus Hohle/Gerhardt Schneider
Satz: Karin Vogelsang, Berlin
Druck: Oktober-Druck, Berlin
1. - 2. Tausend, 1984
ISBN 3-88114-304-1

Inhalt

Computer auf dem Vormarsch   9

Personal-Informationssysteme   19
- Aufbau und Funktion eines
  Personal-Informationssystems   21
- Personaldaten und ihre Erfassung   31
- Aufgaben von
  Personal-Informationssystemen   42
- PIS: die Objektivierung
  der Undurchschaubarkeit   45

Neue Technologien im Betrieb   49

- Computer als Instrumente der
  Rationalisierung und Überwachung   49
- Computer in der Konstruktion   51
- Computer in der Produktion   52
- Computer in der Verwaltung   54

Mitbestimmung und Verhinderung vor Ort
Beispiele betrieblicher Gegenwehr   58

- PAISY und kein Ende:
  der Fall Adam Opel AG   58
- Das Untier ist hin ... aber ein Paar Arme
  regen sich noch - Personalverwaltungssystem
  PVS II für die Universität Bielefeld   73
- Und der Normalfall?   80
- Probleme betrieblicher Gegenwehr   84

Betriebsvereinbarungen über PIS:
gesetzliche Grundlagen 87

Auf allen Ebenen: nein zu
Personal-Informationssystemen 100

Anmerkungen 108

Dokumente 116

"Haste die Stellenausschreibung am Kantinenmonitor gesehen? Die suchen einen neuen Lagerverwalter. Der alte Meyer hat das nicht mehr geschafft mit der Umstellung auf EDV. Das wäre doch was für mich, mal eine Veränderung; EDV-Grundkurs habe ich gemacht, kräftig bin ich ja wohl, Englischkenntnisse habe ich auch."
"Aber was ist mit Deinem Ärger neulich, als Deine Magnetkarte von der Bewegungskontrolle an der Kantinentür einbehalten wurde, weil Du ständig rein und raus gelaufen bist?"
"Na, ich hoffe, das ist geklärt. Ich hatte nur Getränke für die ganze Abteilung geholt, weil eine Kollegin Abschied feierte. Die Karte habe ich auch zurück, nach langem hin und her. Ich glaube, ich probier's mal mit der Stelle."
Im Personalbüro: "Tja, Herr A., wir haben Ihre Bewerbung geprüft, aber da kann ich Ihnen keine Hoffnungen machen. Das Bild, das wir aus den Informationen unseres Personal-Informationssystems gewinnen konnten, läßt Sie nicht als geeignet für einen Lagerverwalter erscheinen. Sehen Sie selbst, die Daten sprechen gegen Sie: In der Betriebssportgruppe sind sie sehr schwach geworden, Ihre 1000-Meter-Zeiten zum Beispiel ... Als Lagerverwalter brauchen wir aber jemanden mit guter körperlicher Kondition. Beim Betriebsarzt waren Sie ja länger nicht mehr. Haben Sie Angst vor den Resultaten? Es

ist aber anzuerkennen, daß Sie in der Kantine nur Säfte trinken, das tut Ihnen sicher gut. Was haben wir denn bei der Fehlzeitenberechnung, ich frage das eben noch einmal ab ... Das ist nun wirklich schwerwiegender Herr A.: Sie sind im letzten Quartal dreimal montags zu spät gekommen und haben sich auch im Vergleich zum Durchschnitt Ihrer Abteilung viel häufiger am Freitag krank gemeldet. Liegt das daran, daß Ihre Familie außerhalb wohnt? Vielleicht sollten Sie sie herholen? Ach richtig, ich sehe es selbst im Datensatz 'Familie', Ihre Frau arbeitet ja dort. Na, dann brauchen Sie ja die finanzielle Aufbesserung als Lagerverwalter nicht. Aber mal im Vertrauen. Ihr Arbeitstempo liegt 8% unter dem Abteilungsdurchschnitt, da könnten Sie mal etwas dran tun in Ihrem eigenen Interesse. Zumal Sie doch Ihre Arbeit sicher nicht verlieren wollen, Ihre letzte Monatsmiete ist schließlich noch nicht bezahlt; der Vermieter scheint da etwas in Sorge. Und finanzielle Probleme sind wirklich keine Garantie für einen absolut zuverlässigen Lagerverwalter, die Versuchung im Lager wäre da doch zu groß. Also, Sie verstehen, bewähren Sie sich erstmal an Ihrem jetzigen Posten. Sie wissen ja, wir behalten Sie im Auge."

Computer auf dem Vormarsch

Ob Daten zu Betriebssportaktivitäten, Fehlzeiten oder Kantinenbesuch, ein Personal-Informationssystem 'hört, sieht und weiß' (fast) alles. Computergestützte Informationssysteme - ob sie nun Betriebsdatenerfassungssystem, Kantinenabrechnungssystem, Zugangs-und Bewegungskontrollsystem, Personal-Informationssystem etc. heißen - sammeln, speichern und verarbeiten personenbezogene Daten. Diese Systeme arbeiten nicht isoliert voneinander, sondern sind jederzeit verknüpfbar. Ein Netz von Informationssystemen durchzieht die Betriebe und öffentlichen Verwaltungen; sie leuchten die Mitarbeiter nahezu perfekt aus, der 'gläserne Mensch' wird Realität. Die zunehmende Verdatung durch vermehrte Nutzung von computergestützten Informationssystemen ist allerdings nicht nur ein betriebliches Phänomen. Alle gesellschaftlichen Bereiche werden nach und nach verdatet, der 'Datenschatten' der Menschen wird immer länger.

Möglich wird diese Entwicklung durch den Einsatz der Computertechnologie in Verbindung mit der Mikroelektronik. Computer lassen sich mittlerweile in allen Lebensbereichen effektiver, flexibler und vor allem billiger einsetzen. Es gibt kaum noch einen Bereich in der Gesellschaft, in dem man nicht auf Spuren der Mikroelektronik stößt:

- in der Industrie (Industrieroboter, Steuerung von Konstruktions- und Fertigungsprozessen, etc.)
- in der Verwaltung und im Dienstleistungsbereich (Büromaschinen, Fernschreiber, Fernkopierer, elektronische Datenkassen, etc.)
- im öffentlichen und privaten Verkehrssystem (Straßenverkehrs-Leitsysteme, Elektronische Funktionsüberwachung des Kraftfahrzeugs, etc.)
- in der medizinischen Versorgung (Analysegeräte, Überwachungsgeräte, Computermammographie, etc.)
- im Freizeit- und Unterhaltungsbereich (HIFI-Geräte, Videospiele, Computerschach, etc.)
- im Haushalt (Steuerung von Wasch- und Geschirrspülmaschinen, Heizungs- und Lichtregelung, elektronische Türöffner, etc.)
- in der Schule (Taschenrechner, computergestützter Unterricht, etc.)

Da sich diese Technologie auf die Speicherung, Verarbeitung und den Austausch von Informationen bezieht, wird auch von den 'Neuen Informations- und Kommunikationstechnologien' gesprochen.
Im folgenden sollen kurz die technischen, gesellschaftlichen und wirtschaftlichen Aspekte dieser Entwicklung beschrieben werden.

Technische Aspekte der Entwicklung

Technische Voraussetzung für die neuen Informations- und Kommunikationstechnologien ist die Entwicklung der elektronischen Datenverarbeitung (EDV), die die bislang fortgeschrittenste Form der automatischen Datenverarbeitung darstellt. Elektronisch deshalb, weil die Rechenvorgänge von elektronischen Schaltungen durchgeführt werden. Auf diese Weise lassen sich sehr hohe Rechengeschwindigkeiten erzielen.
Die Entwicklung der elektronischen Datenverarbeitung und die Geschichte der Computer ist eng mit der Entwicklung militärischer Rüstungssysteme verbunden. Besonders in der Endphase des II. Weltkrieges wurde die Entwicklung von Computern in den USA, Großbritannien und Deutschland verstärkt vorangetrieben. Man erhoffte sich erheblich verbesserte und schnellere Berechnungen in der Ballistik (USA), die bessere und schnellere Dechiffrierung von Codes (Großbritannien) bzw. die Möglichkeit, ferngesteuerte Bomben (Deutschland) zu bauen. Dabei sollte allerdings nicht übersehen werden, daß militärische Interessen nicht die Ursache der Computerentwicklung waren, sondern sich lediglich ohnehin vorhandene gesellschaftliche Entwicklungspotentiale zunutze machten. Der Anwendung automatischer Rechenmaschinen wurde jedoch so zum beschleunigten Durchbruch verholfen. (1)
Während sich die Anwendung der Computer seit den 50er Jahren auch auf industrielle und öffentlich-administrative Bereiche erstreckte (z.B. wissenschaftlich-technische Aufgaben, Rationalisierung, etc.), war die technologische Weiterentwicklung der Computer von bloßen Rechenautomaten zu 'Universalcomputern' auch weiterhin in erster Linie von militärischen Interessen bestimmt. In den Bereich der Rüstungsforschung wurden schließlich auch die meisten Forschungsgelder investiert. Gerade durch diesen enormen finanziellen Aufwand war das Militär sowohl größter Auftraggeber wie Anwender der elektronischen Datenverarbeitung. In den anderen Bereichen konnte der Computer erst verstärkt zur Anwendung kommen, als die Ent-

wicklung soweit fortgeschritten war, daß die Maschinen kleiner und vor allem billiger wurden (vorher waren nur große Firmen in der Lage, sich einen Großrechner zu leisten); zudem ließen sich die Maschinen nicht mehr nur zum 'Rechnen' verwenden, sondern auch, um 'Entscheidungen' zu treffen.

Wie funktioniert ein Computer?

Das System Computer besteht zunächst aus der sogenannten 'Hardware'. Das umfaßt alles, was zur Technik des Computers gehört, also elektronische und mechanische Bauteile, Gehäuse, etc. Hinzu kommt die sogenannte 'Software'. Dies meint von Menschen formulierte, den Gegebenheiten der Maschine angepaßte Handlungsanweisungen, die Programme. Mit Hilfe der Programme werden dem Computer die Aufgaben und Probleme mitgeteilt, die er dann rechnerisch löst. (2) Da alle Probleme, die vom Computer bearbeitet werden, auf ein rechenbares Maß reduziert werden müssen, ist es dem Computer vollkommen gleichgültig, ob er gerade die Flugbahn einer Rakete, die Akkordzuschläge des Arbeiters Wohlgemuth, die optimale Geschwindigkeit eines U-Bahn-Zuges, den Sozialhilfeanspruch des arbeitslosen Lehrers Datenmann oder die Auslastung der Betriebskantine berechnet. Immer wird vom konkreten Problem abstrahiert, die realen Bedeutungen der Probleme interessieren ihn nicht. So kann er gleichzeitig in allen Lebens- und Arbeitsbereichen eingesetzt werden, denn er kümmert sich nicht um die gesellschaftlichen Verhältnisse, in denen er seine Berechnungen verrichtet.

Entwicklungstendenzen in der Computeranwendung

Drei große Entwicklungsstufen lassen sich in der Computeranwendung unterscheiden. (3) Die erste Stufe besteht in der Entwicklung und Anwendung der Computer ausschließlich für militärische Zwecke. In der zweiten Phase waren Rationalisierungsaufgaben mit Hilfe der elektronischen Datenverarbeitung das vorrangige Ziel. Computerorientierte Informationssysteme stellen die dritte Stufe der Entwicklung dar. Für die letzten beiden Stufen sind drei Entwicklungstendenzen zentral:

- die Miniaturisierung der integrierten Schaltungen in den Elementen der elektronischen Datenverarbeitung durch die Mikroelektronik,
- die Entwicklung von Datenfernverarbeitungstechniken,
- die Entwicklung der Glasfasertechnik zur quantitativen und qualitativen Verbesserung der Informationsübermittlung.

Als **Mikroelektronik** kann die gesamte Technik bezeichnet werden, die sich mit der Entwicklung und Anwendung von Halbleiterbauelementen der analogen und digitalen Schaltungstechnik befaßt. Durch die Miniaturisierung wurde es Ende der 70er Jahre möglich, auf einem millimetergroßen 'Chip' (4) zehntausende von Transistoren unterzubringen, und somit winzig kleine hochintegrierte Schaltungen herzustellen. Diese winzigen hochintegrierten Schaltkreise werden auch Mikroprozessoren genannt. Sie können die gesamte Zentraleinheit eines Computers, also Rechen- und Steuerwerk, enthalten. Die Folge dieser Entwicklung war ein erheblicher Preisrückgang (in den Jahren von 1964-1979 sanken die Preise um den Faktor 1.000) sowie eine 5.000-fache Miniaturisierung. Unternehmen sind nun in der Lage, Mikrocomputer äußerst billig und mit vielen verschiedenen und genaueren Verwendungsmöglichkeiten sowohl in der Produktion wie in der Verwaltung einzusetzen. Die Mikroelektronik kann daher als Schlüsseltechnologie für die automatische elektronische Datenverarbeitung angesehen werden.

Die Entwicklung der **Datenfernverarbeitungstechniken** ermöglicht die zentrale Verarbeitung von Daten in einem großen Computersystem, während die Ein- und Ausgabe der Daten an dezentralen, also an verschiedenen Orten befindlichen Datenstationen erfolgt. Damit war es möglich, die Kapazität der elektronischen Datenverarbeitung direkt an die Arbeitsplätze zu verlegen; das bekannteste Beispiel sind die Bildschirmarbeitsplätze. Die Datenfernverarbeitung bietet natürlich besondere Vorteile für Großunternehmen und multinationale Konzerne. Denn mit Hilfe dieser technologischen Neuerung können alle Datenbestände an einer zentralen Stelle bearbeitet werden, bei gleichzeitiger dezentraler Datenein- und ausgabe. Für den Arbeitnehmer am einzelnen EDV-gestützten Arbeitsplatz wird das System nur undurchschaubarer, da er keinen Einfluß mehr auf die Verarbeitung der eingegebenen bzw. automatisch erhobenen Daten hat. Die Möglichkeiten der zentralen Steuerung eines Großunternehmens werden erheblich verbessert und erleichtert: "Dezentralisation ist in Wahrheit verteilte Einzelarbeit bei zentraler Steuerung." (5) Doch die Kapazität der Übertragungsleitungen ist derzeit noch begrenzt.

Das wird sich jedoch mit der Einführung der sogenannten **Glasfasertechnik** ändern. Informationen werden nun nicht mehr wie bisher über Kupfer- bzw. Kupferkoaxialkabel mit elektromagnetischen Wellen niederer Frequenz übertragen, sondern über Glasfaserkabel mit elektromagnetischen Wellen sehr hoher Frequenz. Mit der Höhe der Übertragungsfrequenz nimmt auch die Übertragungskapazität zu. In einer einzelnen Glasfaser von der Dicke eines Menschenhaares können 32.000 Telefongespräche gleichzeitig übermittelt werden. (6) Dank der hohen Frequenz der Glasfaserkabel sind beinahe unbegrenzte Mengen an Daten und Informationen übertragbar. Die Vorteile für die Datenfernverarbeitung sind unverkennbar. Noch ist die Glasfaser in der Entwicklung, doch bereits Ende der 80er Jahre soll mit der Verlegung von Glasfaserkabeln in der gesamten Bundesrepublik begonnen werden. Damit wird eine informationstechnologische Infrastruktur geschaffen, die es ermöglichen würde, daß alle gesellschaftlichen Bereiche von einem zentralen Computer aus gesteuert und kontrolliert werden könnten. Die 'informatisierte Gesellschaft', aber auch die gesteuerte und kontrollierte Gesellschaft, würde so Wirklichkeit werden.

Zur Vorbereitung dieser informationstechnologischen Infrastruktur dient die derzeitige Verkabelung der Bundesrepublik. Zwar wird im Augenblick noch mit Kupferkabeln verkabelt, doch sind Anschlüsse und Kabelschächte erst einmal vorhanden, ist es ein leichtes, die Kupfer- gegen Glasfaserkabel auszutauschen.

Kabelfernsehen und Bildschirmtext

In der öffentlichen Diskussion wird mit dem Begriff Kabelfernsehen häufig nur die medienpolitische Seite der neuen Kommunikationstechnologien verbunden. Da geht es dann hauptsächlich um mehr Fernsehprogramme und um die Organisationsstruktur der Rundfunkanstalten (öffentlich-rechtlich contra privat/kommerziell). Auch mit der Verlagerung der Diskussion von der Frage 'Wieviel Fernsehen braucht der Mensch?' zur der Frage 'Wieviel Daten braucht der Mensch?' ist noch nicht viel gewonnen. Das gewaltige Potential, daß hinter dem Kabelfernsehen steckt, rückt erst allmählich in den Blick. Denn: "Was da von verschiedenen Seiten zusammenwächst, sind die sogenannten 'Neuen Medien': Textverarbeitungs- und Übertragungssysteme im Bürobereich, computerunterstützte Konstruktions- und Fertigungsverfahren, Personalinformationssysteme und Datenbanken. Bildschirm,

Computer und (Glasfaser-)Kabel werden Arbeit und Freizeit, Betrieb und Wohnung, Bürger und Staat neu miteinander vernetzen. Während sich Betriebsräte und Gewerkschaften um Rationalisierungsschutz mühen, Antikabelgruppen die Verkabelung von Stadtteilen zu verhindern suchen, kritische Journalistenverbände vor einem Privatfunk warnen und Datenschützer um eine bessere Gesetzgebung nachsuchen, wächst nur ganz allmählich die Erkenntnis, daß hier aus dem Blickwinkel verschiedener Betroffenheiten an dem gleichen Problem gearbeitet wird." (7)

Damit wird deutlich, daß die Einführung der neuen Informations- und Kommunikationstechnologien keine quantitative, sondern eine qualitative Frage ist, mithin eine Frage wirtschaftlicher und machtpolitischer Interessen; Kabelfernsehen als 'trojanisches Pferd' auf dem Weg in die Informationsgesellschaft. Mit dem Anschluß an das Kabelnetz wird die häusliche Privatsphäre tendenziell aufgehoben, denn Industrie, öffentliche Verwaltung, Dienstleistungsunternehmen und der staatspolitische Apparat koppeln sich so direkt an die einzelnen Haushalte an. Bisher voneinander getrennte Bereiche, in denen der einzelne Mensch agiert hat, wie beispielsweise Arbeitsplatz, Wohnung, Kaufhaus und Meldeamt, werden über das Kabelfernsehen miteinander vernetzt. Dadurch besteht dann die Möglichkeit, sich per Kabel über Video von seinem Arzt eine Ferndiagnose erstellen zu lassen, Urlaub zu buchen sowie Bank- und Behördenverkehr abzuwickeln, seine Kinder über Video per Kabel 'Fern-Babysitten' zu lassen, Briefe zu übermitteln, Bestellungen aufgeben, seine Gas- und Stromrechnung per Ablese- und Einzugsermächtigung abwickeln zu lassen, zu Hause per Bildschirm zu arbeiten, etc.

Auch wenn mit der derzeitigen Verkabelung die technologische Infrastruktur für die Informationsgesellschaft geschaffen wird, sind die beschriebenen Vernetzungsmöglichkeiten noch weitgehend Zukunft. Es wird sicherlich noch mindestens bis zum Jahre 2000 dauern, bis sich alle theoretischen Vernetzungsmöglichkeiten auch gesellschaftlich durchgesetzt haben, wenn überhaupt. Doch sollte das nicht darüber hinwegtäuschen, daß bereits ein sogenanntes 'Neues Medium' existiert, bei dem einige der Möglichkeiten schon verwirklicht sind: Bildschirmtext (Btx). Dies Medium wird zudem bereits bundesweit eingeführt. Über Btx kann man z.B. bereits Waren bei Quelle bestellen oder seinen Bankverkehr mit der Verbraucherbank oder der Post abwickeln. Es gibt auch einen örtlichen Kleinanzeigenmarkt, und es lassen sich mit Bildschirmtext Nachrichten und Glückwünsche an Freunde, Bekannte und Verwandte übermitteln.

Welchen Stellenwert Btx bei der Einführung neuer Informations- und Kommunikationstechnologien einnimmt, mag ein Zitat aus einer Computerzeitschrift verdeutlichen: "Die 'totale Dienstleistung' über den Mikrocomputer weg vom Bank-, Versicherungs- oder Reiseschalter hinein in die Wohnung ist noch nicht da ... Die notwendige Technik zur Dienstleistungskommunikation mit fast unbegrenzten Anwendungsmöglichkeiten ist zwar schon vorhanden, aber nur in Teilen. Das Kommunikations-Puzzle muß erst noch zusammengefügt werden. Eine wesentliche Rolle dabei wird Bildschirmtext spielen." (8) Bildschirmtext als Einstiegsdroge in die Kabelgesellschaft.

Rationalisierung aller Lebensbereiche

Die gesellschaftlichen Bedingungen der Einführung neuer Informations- und Kommunikationstechnologien resultieren aus strukturellen Problemen hochindustrialisierter Gesellschaften. Diese neigen dazu, die sie kennzeichnenden Dauerprobleme wie Leistungssteigerung, Wachstum und Krisenbewältigung mit funktionaler Differenzierung, also 'Arbeitsteilung' zu lösen. Mit der dadurch hervorgerufenen Vermehrung der Teilsysteme erhöht sich jedoch auch der Organisationsaufwand dieser Gesellschaften. Die verwaltenden, planenden und organisierenden Tätigkeiten weiten sich aus. Der Anteil der Arbeiterschaft im Sozialgefüge der Gesellschaft ist rückläufig, die Zahl der Angestellten und Beamten nimmt zu (mehr als die Hälfte aller Erwerbstätigen in der Bundesrepublik arbeiten in der Verwaltung und im Dienstleistungsbereich). Durch industrielles Wachstum in Verbindung mit einer Expansion des Welthandels weiten sich auch in den Betrieben die kaufmännischen und organisatorisch-planerischen Tätigkeiten aus. Dies alles sind in erster Linie informationsverarbeitende Tätigkeiten. Die Speicherung, Verarbeitung und Übermittlung von Daten und Informationen mit Hilfe der neuen Informations- und Kommunikationstechnologien erlangen immer größere Bedeutung.

Damit einher geht eine tiefgreifende Strukturveränderung der Kommunikationsverhältnisse. Durch die Einführung der Neuen Medien wird die Sphäre des institutionalisierten Handelns (der 'Bürokratisierung') in das Alltagsleben der Menschen hinein erweitert, und werden gleichzeitig die Kommunikationsverhältnisse der Bevölkerung dem Standard der öffentlichen, institutionalisierten Verkehrsformen angepaßt. Menschliche Fehler und Unzulänglichkeiten sollen der programmierten Normalität der Computerlogik weichen. Alles soll und muß normal und den gesellschaftlichen Regeln entsprechend verlaufen. Dieser Zwang zu Normalität und Regelhaftigkeit führt dazu, daß die Menschen immer mehr praktische Kompetenzen verlieren, Erfahrung wird enteignet. So werden sie zunehmend von Fremdinformationen abhängig; ohne Bedienungsanleitungen und technische Hilfen sind viele alltägliche Verrichtungen nicht mehr zu bewältigen. Fallen z.B. in der Stoßzeit des Berufsverkehrs einmal an einer wichtigen Kreuzung die Ampeln aus, entsteht binnen kürzester Zeit das totale Verkehrschaos. Die Autofahrer sind nicht mehr in der Lage, ihre Belange selbst zu regeln, auch, weil sie das noch nie tun mußten und daher keine Erfahrung damit haben. Das Beispiel zeigt aber auch, wie sehr das Funktionieren der Gesellschaft von diesen Techniken abhängt. Je mehr das gesellschaftliche Leben von zentralen Informations- und Kommunikationstechnologien bestimmt wird, desto störanfälliger wird die Gesellschaft. Fällt beispielsweise die zentrale Stromversorgung aus, liegen viele Teilbereiche des gesellschaftlichen Lebens lahm. Wird alles von einem zentralen Computer gesteuert, sind die Folgen verheerend, wenn er einmal nicht funktioniert. Mit Hilfe der neuen Informations- und Kommunikationstechnologien wird das Alltagsleben der Menschen in das Organisationsgefüge der institutionalisierten gesellschaftlichen Verhältnisse integriert, und damit auch weitgehend rationalisiert.

'Rationalisierung' ist auch das Stichwort für die wirtschaftlichen Aspekte der Einführung neuer Informations- und Kommunikationstechnologien. Nachdem die Verdrängung der manuellen Tätigkeiten schon sehr weit fortgeschritten ist, lassen sich nun mit Hilfe der elektronischen Datenverarbeitung auch zunehmend geistige Tätigkeiten rationalisieren. Mit der Einführung dieser neuen Techniken ist also einerseits in der Industrie ein weiterer Rationalisierungsschub zu erwarten; zum anderen wird der gesamte öffentliche Dienstleistungssektor erfaßt. Von der Computerisierung, Informatisierung, etc. sprechen die Krisenmanager des Staates und der Wirtschaft als einem 'basisinnovatorischen' Anstoß zur Überlebenssicherung des Industriesystems. (9) Nicht nur, daß Tätigkeiten wegrationalisiert werden, die verbleibenden lassen sich auch viel schneller abwickeln. Es ist nicht übertrieben zu sagen, daß die neuen Informations- und Kommunikationstechniken Rationalisierungstechniken sind.

Kritik gegenüber den Neuen Medien

Doch den Hoffnungen der Befürworter der Einführung neuer Informations- und Kommunikationstechnologien, die Probleme der krisengeschüttelten Industriegesellschaft zu lösen, stehen zahlreiche kritische Positionen gegenüber, die zunehmend auf die Gefahren der neuen Medientechniken hinweisen. Zum einen wird dabei auf die vermuteten und prognostizierten konkreten Auswirkungen hingewiesen, zum anderen wird generell bezweifelt, ob sich die Probleme der Industriegesellschaft überhaupt durch den vermehrten Einsatz von technischen Mitteln, also mittels Technifizierung, lösen lassen. Als Folge der Mediatisierung und Informatisierung der Gesellschaft werden vor allem die massenhafte Vernichtung von Arbeitsplätzen und die Verarmung und Entleerung der zwischenmenschlichen Kommunikation gesehen. (10) Dazu kommt noch die Befürchtung, daß wir auf dem Weg in den totalen Überwachungsstaat sind. Dieser Bereich der Überwachung und Kontrolle ist mithin ein wichtiger Aspekt der Neuen Medien.

Da mit der Glasfasertechnologie die Möglichkeit gegeben ist, immer mehr Daten in immer kürzerer Zeit zu übertragen, wird die elektronische Datenverarbeitung auch in zunehmend größeren Bereichen des gesellschaftlichen Lebens eingesetzt. Ob es nun die Datenkassen im Supermarkt sind, der Bankomat, die Fahrscheinautomaten in der U-Bahn, die automatische Kantinenabrechnung im Betrieb, die Ausleihe in Bibliotheken oder die sensorgesteuerte Waschmaschine, es verbleibt kaum noch ein Bereich des alltäglichen Lebens, der ohne Mikroelektronik auskommt. Durch diesen universellen Einsatz wächst natürlich auch die Zahl der Daten, die überhaupt erhoben werden. Es ist daher absehbar, daß nicht nur alle Bereiche des gesellschaftlichen, sondern auch des privaten Lebens auf irgendeine Art und Weise verdatet werden. Mit der Elektronisierung und Computerisierung der Datenerhebung und -verarbeitung wachsen auch die Möglichkeiten des Zugriffs fremder, unbefugter Personen auf die erhobenen Daten. Eine weitere Mißbrauchsmöglichkeit liegt darin, daß die Daten sehr verschiedener Datenbanksysteme miteinander abgeglichen werden können. In einigen Industriebetrieben und Institutionen ist diese Möglichkeit bereits gegeben, indem z.B. die Daten aus dem Personal-Informationssystem mit denen des Betriebsdatenerfassungssystems abgeglichen werden können. Darüberhinaus besteht auch die Möglichkeit, die gleichen Daten mit den Daten betriebsexterner Datenbanken (z.B. der Sozialversicherungsträger oder der SCHUFA) abzugleichen. (11)

Sollten die neuen Informations- und Kommunikationstechnologien eingeführt werden, sind negative Auswirkungen in fast allen Lebensbereichen zu befürchten. "Am Ende dieser Entwicklung steht dann eine desinformierte, phantasielose, vollautomatisierte, technik- und medienabhängige Gesellschaft." (12)

Im Betrieb stellt das Personal-Informationssystem den wichtigsten Mosaikstein für diese Entwicklung dar. Zwar können überall dort, wo die elektronische Datenverarbeitung in den Betrieben und öffentlichen Verwaltungen eingesetzt wird, auch personenbezogene Daten erhoben werden, doch steht das Personal-Informationssystem im Zentrum der Verarbeitung von Mitarbeiterdaten. Für die Personalabteilungen bestehen die Arbeitnehmer nur noch aus einem riesigen Datensatz, der dann dem Computer für sogenannte 'objektive' Entscheidungen als Grundlage dient. Der "Datenschatten" der Beschäftigten wird immer länger, und die Abhängigkeit von den computergestützten Informationssystemen ist vorprogrammiert.

Personal-Informationssysteme

Daten über den einzelnen Arbeitnehmer wurden auch ohne Computer von den Arbeitgebern gesammelt und nicht nur in den Personalakten vermerkt, sondern ebenfalls in den Akten des Vorgesetzten, des Betriebsarztes oder des Betriebspsychologen. Einige dieser Daten sind z.B. zur Gehalts- und Lohnabrechnung notwendig; darüberhinaus wurden die Personaldaten aber auch zu betrieblichen Planungszwecken verwendet; sie dienten so also schon immer der Personalplanung und -kontrolle.

Ein Vergleich aller Personalakten unter einzelnen Fragestellungen (z.B. Fehlzeitenstatistik oder Leistungskontrolle) war und ist ungeheuer aufwendig und nur in Einzelfällen möglich. Mit der Einführung der elektronischen Datenverarbeitung in den Personalabteilungen änderte sich das gewaltig. Die fast unbegrenzte kostengünstige Speicherkapazität ermöglicht die Vervielfachung der Zahl der gesammelten Daten. Durch die sehr kurze Verarbeitungszeit auch der kompliziertesten Programme wurde die Möglichkeit der Durchführung von Vergleichen und Berechnungen erheblich vereinfacht. Weitere Vorteile der EDV sind einerseits die völlig frei programmierbaren Verarbeitungsmethoden (doch sind die Programme und ihre Erstellung oder ihr Erwerb nicht immer billig); andererseits können alle Daten, die von einem Unternehmen gespeichert werden, zentral in einer Datenbank abgelegt werden, bei gleichzeitiger dezentraler Datenerfassung und -ausgabe. Die einmal gespeicherten Daten bleiben meist jahrzehntelang in den Datenbanken erhalten. Diese 'Vorteile' der EDV dienen den Unternehmern als Argument zur Automatisierung des Personalwesens; Informationen über einzelne Arbeitnehmer oder Arbeitnehmergruppen würden jetzt schneller zur Verfügung stehen, so daß die betriebsinterne Planung verbessert werden könne.

In den gängigen Definitionen von Personal-Informationssystemen findet sich diese Arbeitgeber-Argumentation zumeist wieder. (1) Eine Verharmlosung von Personal-Informationssystemen als 'schnellere Personalakten' verschleiert aber, daß mit der Menge an Daten und den nahezu unbegrenzten Verknüpfungsmöglichkeiten eine neue Qualität von Personalverwaltung geschaffen wird: Die Unternehmensleitungen können zur Verfolgung ihrer Ziele über umfassendes Datenmaterial der Betriebsangehörigen verfügen; für den Arbeitnehmer wächst in gleichem Maße die Undurchschaubarkeit des Systems.

Personal-Informationssysteme sind computergestützte Systeme, die Arbeitnehmerdaten aus den verschiedensten Bereichen im Interesse der Arbeitgeber sammeln, speichern und verarbeiten können.

Ein Teil der Aufgaben eines Personal-Informationssystems (im folgenden kurz PIS) liegt darin, **herkömmliche Funktionen der Personalverwaltung** zu übernehmen, z.B. Lohn- und Gehaltsabrechnungen zu erstellen. Neben diesen verwaltenden Funktionen werden PIS aber auch als Hilfen zur **Planung** eingesetzt oder als **Entscheidungsinstrumente**. An diesem Punkt setzt zumeist die Kritik an PIS ein, gegen ein nur verwaltendes System wird man seltener Einwände finden. Dabei ist das verwaltende (administrative) System nur Vorläufer eines auch planenden (dispositiven) PIS. (2) In der Veröffentlichung eines Beratungsunternehmens zur Einführung von PIS liest sich das so: "Systeme, die auch für den dispositiven Bereich, also für Planungs- und Entscheidungsprobleme unterstützend eingesetzt werden sollen, müssen auf der Basis administrativer Systeme (Personalverwaltung, Abrechnungen, etc.) konzipiert werden. Sie sind damit integriert zu konzipieren, wobei ein stufenweiser Aufbau - beginnend mit dem administrativen Teil - in der Praxis zu verfolgen ist. Damit rückt der Ausbau zu anspruchsvollen dispositiven Systemen in der Regel in den mittelfristigen Bereich." (3) Zu Deutsch: Was als System zur reinen Verwaltungstätigkeit eingeführt wird, braucht dies nicht unbedingt zu bleiben.

Ein PIS kann sowohl über einzelne Beschäftigte Auskunft geben wie auch über Gruppen (z.B. die Gruppe der 'Zuspätkommer') und über die Gesamtbelegschaft. Die Möglichkeiten der Fragestellung an den Computer sind sehr vielfältig. Und auch hier wieder werben die Herstellerfirmen mit der Flexibilität des Systems. Personal-Informationssysteme sind ausbaufähig, darauf setzen private wie öffentliche Arbeitgeber, und darüber sollten sich auch die Beschäftigten keine Illusionen machen.

Aufbau und Funktionsweise eines Personal-Informationssystems

Personal-Informationssysteme werden unter verschiedenen Namen wie ISA (bei Daimler-Benz), IPIS (Ford-Werke), MOPSS (Gesellschaft für Mathematik und Datenverarbeitung), PEDATIS (Volkswagen), PDS (Standard Elektrik Lorenz), IVIP (Siemens) oder PAISY (Opel) eingeführt. All diese Systeme weichen in Einzelheiten voneinander ab, das 'PIS' schlechthin gibt es also nicht. Die Art des eingeführten PIS hängt natürlich eng mit den Zielen und Zwecken des Unternehmens zusammen; aber auch mit den Kopplungsmöglichkeiten des PIS mit bereits vorhandenen computergestützten Informationssystemen. Jedes PIS ist auf die Anforderungen des einzelnen Unternehmens oder der Institution zugeschnitten. Deshalb werden auch nicht alle Daten und Methoden, die wir im folgenden aufführen, in jedem PIS zu finden sein. Trotz dieser Unterschiede weisen sie jedoch strukturelle Gemeinsamkeiten auf.

Ein Personal-Informationssystem besteht aus einem Programm-Paket (Software), das **Datenbanken** und **Methodenbanken** enthält. Das Programm wird über eine **EDV-Anlage** (Hardware) abgewickelt (vgl. Abb. 1). Die EDV-Anlage muß nicht notwendigerweise speziell für das PIS installiert werden. In den größeren Unternehmen und mittlerweile auch in vielen mittleren Betrieben ist bereits eine Datenverarbeitungsanlage vorhanden. In diesem Fall können die Programme des PIS über die vorhandenen Rechner mit abgewickelt werden. Größtenteils lassen sich alle neu einzurichtenden Informations- und Kontrollsysteme über eine einzige EDV-Anlage abwickeln. Das System besteht zum einen aus den Datenbanken, in denen Personaldaten sowie Daten über die Arbeitsplätze gespeichert sind; zum anderen aus den Methodenbanken, die die verschiedenen Verarbeitungsmöglichkeiten für die gespeicherten Daten enthalten.

In der **Personaldatenbank** werden alle für die Verfolgung der Unternehmensinteressen relevanten Daten über den Personalbestand eines Betriebes, Unternehmens, Konzerns oder einer Institution gespeichert. Die gängigen Personal-Informationssysteme speichern zwischen 200 und 2.000 Einzelmerkmale pro Arbeitnehmer, d.h.: zu jedem Arbeitnehmer existiert ein Personaldatensatz, der alle Einzelmerkmale des Beschäftigten enthält. Das sind nicht nur Merkmale, die für die administrativen (verwaltenden) Aufgaben des Unternehmens von Bedeutung sind (z.B. Daten zur Lohn- und Gehaltsabrechnung oder die Daten für die Sozialversicherungsträger), sondern auch Daten und Merkmale, die die dispositiven (planenden und entscheidungstreffen-

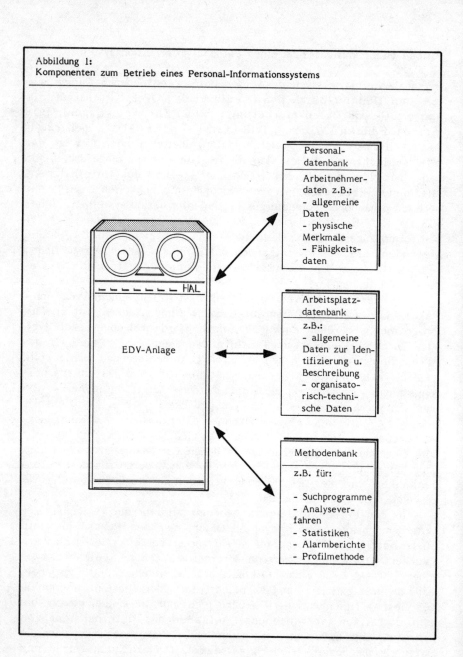

Abbildung 1:
Komponenten zum Betrieb eines Personal-Informationssystems

Abbildung 2:
Merkmalskatalog für die Personaldatenbank (Beispiel)

Merkmalshauptgruppe		Merkmalsgruppe		Merkmal
1	Allgemeine Merkmale	11	Identifizierende Merkmale	BRD-Personenkennzeichen, Personalnummer, Familienname, Vorname(n), Staatsangehörigkeit, Familien(stands)-angaben, Geschlecht, Geburtsdatum/-ort, Anschrift, Unterstellung/Überstellung, Erwerbsminderungen etc.
		12	Einstellung	Interviewergebnisse, Testergebnisse, Eintrittsdatum, Vertragsdaten etc.
		13	Sonstige allgemeine Merkmale	Auszeichnungen, Jubiläumstage, Ämter etc.
2	Kenntnis- und Einsatzmerkmale	21	Schul- und Berufsausbildung, Weiterbildung	Schulen, Prüfungen, Abschlüsse, Praktikantenzeiten, Lehre, Ausbildungskurse, Weiterbildungskurse etc.
		22	Berufserfahrung/Einsatz	Beschäftigungsabschnitte nach Zeit, Position, Tätigkeit, Beurteilungen, Grund für den Wechsel etc., bezogen auf frühere und jetzigen Arbeitgeber
		23	Spezialangaben	Führerscheine, Fremdsprachen, Patente, Auslandserfahrungen, sonstige Befähigungsnachweise etc.
		24	Empfohlene und geplante Maßnahmen	Aus- und Weiterbildung, Versetzung, Beförderung, Job Rotation etc.
		25	Einsatzbereitschaft	Bereitschaft zur Versetzung, Beförderung, zur Beendigung des Einsatzes etc.
3	Physische Merkmale	31	Muskelbeanspruchung	Muskelbelastbarkeit etc.
		32	Körperhaltung	Zumutbare Körperhaltung etc.
		33	Sehen und Hören	Sehschäfe, Farbtüchtigkeit, Räumliches Sehen, Hörvermögen etc.
		34	Funktion der Gliedmaßen	Grad der Funktionstüchtigkeit etc.
		35	Sonstige physische Merkmale	Maskentauglichkeit, Schwindelfreiheit etc.
		36	Umgebungseinflüsse	Allergien, Reaktion auf Klima, Lärm, Dampf etc.
		37	Leistungsbereitschaft	bezogen auf die genannten relevanten Merkmale
4	Psychische Merkmale	41	Geistige Merkmale	Auffassungsgabe, Mündliche/Schriftliche Ausdrucksfähigkeit, Räumliches Vorstellungsvermögen etc.
		42	Arbeits- und Gemeinschaftsverhalten	Belastbarkeit und Ausdauer, Koorporationsfähigkeit, Selbständigkeit und Initiative etc.
		43	Sensomotorische Merkmale	Reaktionsvermögen, Handgeschicklichkeit etc.
		44	Sonstige psychische Merkmale	Konzentrationsfähigkeit, Monotoniefestigkeit etc.
		45	Leistungsbereitschaft	bezogen auf die genannten relevanten Merkmale
5	Abrechnungsmerkmale	51	Lohn/Gehalt	Lohn-/Gehaltsentwicklung, Lohn-/Gehaltsabrechnungsdaten incl. Prämien, Zulagen, Vorschüsse, Gutschriften, Bankverbindung etc.
		52	Versicherungen/Versorgung	Angaben zur Krankenversicherung, Unfallversicherung, Sozialversicherung, Pensions-/Altersrente, Vermögensbildung, Darlehen, Beihilfen etc.
		53	Zeitangaben	Urlaub, Fehlzeiten, Zeitabrechnung etc.
		54	Sonstige Abrechnungsmerkmale	Erfolgsbeteiligungs-, Kapitalbeteiligungsdaten, Angaben zur Humankapitalrechnung, mögliche Entwicklungen in zeitlicher Struktur etc.

den) Aufgaben des Unternehmens erheblich erleichtern. Auch die Daten bereits entlassener Mitarbeiter sowie zukünftiger Mitarbeiter und Bewerber können gespeichert werden.

Die vorhandenen und gespeicherten Daten werden beispielsweise zu Merkmalsgruppen zusammengefaßt, die wiederum Merkmalshauptgruppen bilden (vergleiche Abbildung 2). So gibt es in diesem Beispiel einmal die sogenannten 'Allgemeinen Merkmale' des Arbeitnehmers, die sich aus den 'Identifizierenden Merkmalen', den Merkmalen zur 'Einstellung' und 'sonstigen allgemeinen Merkmalen' zusammensetzen. Dann gibt es die Hauptgruppe der Daten über die Kenntnis- und Einsatzmerkmale der Arbeitnehmer. In dieser Gruppe werden Daten über die Schul- und Berufsausbildung, die Weiterbildung, über Berufserfahrung und den Arbeitseinsatz sowie über die Einsatzbereitschaft gesammelt. In der Merkmalshauptgruppe 'Physische Merkmale' werden Daten über die Muskelbeanspruchung, die Körperhaltung, die Funktionen der Gliedmaßen und der Sinne sowie über Umgebungseinflüsse und die Leistungsbereitschaft des Beschäftigten gespeichert. Unter der Hauptgruppe 'Psychische Merkmale' können Angaben über geistige Merkmale, über das Gemeinschaftsverhalten und das allgemeine Arbeitsverhalten sowie über sensomotorische und sonstige psychische Merkmale zusammengefaßt werden. Eine weitere Hauptgruppe faßt alle Merkmale zusammen, die zur Abrechnung notwendig sind. Auf die Art der gespeicherten Daten werden wir noch genauer eingehen.

Um sich eine Vorstellung von den Möglichkeiten der Verarbeitung der ungeheuren Datenmengen machen zu können, wollen wir einmal folgende Beispielrechnung aufmachen: Angenommen, es sind pro Arbeitnehmer 300 Daten gespeichert, die alle auch unter- und miteinander verknüpft werden können, so ergeben sich so viele Möglichkeiten der Verknüpfung, daß eine Zahl mit 1.711 Stellen herauskommt; ausgeschrieben würde sie fast eine ganze Seite in diesem Buch füllen. Trotz dieser unvorstellbar großen Zahl ist der Computer in der Lage, all diese Verknüpfungen in kürzester Zeit durchzuführen, praktisch auf Knopfdruck. In der Praxis werden jedoch nicht alle Daten einzeln miteinander verknüpft, sondern in erster Linie Daten bestimmter Merkmalsgruppen oder Datensätze. Aber auch dann ergeben sich noch unzählige Möglichkeiten der Verbindung. Außerdem ist noch zu bedenken, daß die Personaldatenbank nicht die einzige Datenbank in einem PIS ist.

In der **Arbeitsplatzdatenbank** werden Daten über die einzelnen in Betrieben oder Institutionen vorhandenen Arbeitsplätze gespeichert. Das können sowohl Daten über die Anforderungen des einzelnen

Arbeitsplatzes als auch über das Belastungsprofil sein. Im allgemeinen sind Daten zur Identifizierung des Arbeitsplatzes gespeichert (z.B. Nummer des Arbeitsplatzes), Daten zu den dort geforderten Qualifikationen (z.B. 'Programmierlehrgang der Stufe II notwendig' oder 'abgeschlossene Ausbildung als Maschinenschlosser'), Daten zu den Anforderungsmerkmalen des Arbeitsplatzes (z.B. Fingerfertigkeit oder Sehschärfe), sowie Daten zur Kennzeichnung der entsprechenden Lohn- bzw. Gehaltsgruppe. Doch nicht nur die Arbeitsstelle wird mit Hilfe bestimmter Daten identifiziert, sondern auch der dort beschäftigte Arbeitnehmer. Daneben sind in der Arbeitsplatzdatenbank noch eine große Anzahl organisatorisch-technischer Daten zum einzelnen Arbeitsplatz gespeichert. Dazu gehören Merkmale zur Überprüfung der Funktionstüchtigkeit, also z.B. Termine der Überprüfung durch den TÜV, etc., Merkmale über den Zeitumfang der Stelle (z.B. Ganz- oder Halbtagsstelle) sowie Daten zur Einrichtung des Arbeitsplatzes wie Zahl und Art der vorhandenen Maschinen und anderer Gegenstände, die zur Verrichtung der dort vorgesehenen Tätigkeiten notwendig sind (z.B. 'ist ein Telefon vorhanden?'). Dazu kommen noch Daten über die Lage des Arbeitsplatzes im Betrieb. Ein wichtiger Datenkatalog sind die Merkmale, die den Arbeitsplatz als solchen beschreiben. Dazu gehören Daten über die Art der hier zu verrichtenden Tätigkeit(en) und die Besonderheiten des Arbeitsplatzes. Alle konkreten Vorgänge in all ihren einzelnen Schritten sind hier aufgelistet, die z.B. zur Herstellung eines bestimmten Werkstückes notwendig sind, also Einspannen des Rohmaterials, Abschleifen, Fräsen, Umspannen des Materials, etc.; oder alle Verrichtungen, die eine Tätigkeit im Büro kennzeichnen wie Abfassen von Schriftstücken, Archivierung von Akten, etc. Zu den Besonderheiten des Arbeitsplatzes zählen z.B. Angaben über die Intensität der Lärmbelästigung oder der Staubbelastung sowie die Geschwindigkeit einzelner Arbeitsabläufe an der Maschine. Im Zusammenhang damit stehen Merkmale über die gesundheitlichen Anforderungen des Arbeitsplatzes, die auch in der Arbeitsplatzdatenbank gespeichert sind. Darüberhinaus sind auch Daten zur Entwicklung des Arbeitsplatzes, z.B. über frühere Bewertungen und frühere Stelleninhaber gesammelt.

In der gängigen Literatur über Personal-Informationssysteme wird die Arbeitsplatzdatenbank zwar erwähnt, aber näher beschrieben und beachtet wird sie meist nicht. Das Übergewicht liegt eindeutig bei der Beschreibung der Personaldatenbank; wohl weil in der Sammlung und Speicherung personenbezogener Daten die größere Gefährdung der Beschäftigten gesehen wird. Doch gerade auch die Möglichkeit, im PIS die Arbeitsplatzdaten mit den Personaldaten abzugleichen, macht die Verplanbarkeit des Arbeitnehmers perfekt. Außerdem kann mithilfe einer genauen Arbeitsplatzdatenbank das PIS den Betrieb systematisch nach Rationalisierungsmöglichkeiten durchforsten.

In der **Methodenbank** des Personal-Informationssystems stehen den Arbeitgebern umfangreiche Programmpakete zur Auswertung und Verarbeitung der gespeicherten Daten zur Verfügung. Die Methoden der Datenverarbeitung reichen von einfachen **Suchprogrammen** über **Analyseverfahren**, **mathematisch-statistische Verfahren** und **Alarmberichte** bis zum **Profilabgleich**.

Bei einem **Suchprogramm** wird dem Computer der Befehl gegeben, beispielsweise eine bestimmte Anzahl Personen nach einem Katalog vorher festgelegter Merkmale herauszusuchen. Bei einem der bekanntesten Beispiele für den Einsatz eines PIS wurde ein solches Suchprogramm verwendet: "In einem Betrieb von Nordbayern wurde festgestellt, daß im Vergleich zu betriebswirtschaftlichen Richtlinien die Belegschaft überaltert und der Anteil der Frauen zu hoch war. Der Betrieb beschloß, das zu ändern. Da Kündigungen nicht möglich waren - sie wären vom Arbeitsgericht höchstwahrscheinlich als unbegründet aufgehoben worden - suchte man nach einem anderen Ausweg. Mit Hilfe des Personalinformationssystems stellte man fest, daß die älteren Frauen schwerpunktmäßig außerhalb der Stadt wohnhaft waren. Daraufhin beschloß die Betriebsleitung, den Betriebsbus stillzulegen, der diese Frauen jeden Tag abgeholt hatte, wobei sie vorgab, der Bus rentiere sich nicht mehr. Da kein öffentliches Verkehrsmittel vorhanden war und ein Umzug nicht in Frage kam, mußten die Frauen von sich aus die Stelle kündigen. Für den Betrieb war das Problem damit gelöst." (4) Dem Computer wurde also der Befehl gegeben, alle Frauen herauszusuchen, die eine bestimmte Altersgrenze überschritten hatten und auf den Werksbus angewiesen waren.

Natürlich können auch Suchprogramme abgewickelt werden, wo einzelne Arbeitnehmer oder Arbeitnehmergruppen nach einer Vielzahl von Merkmalen selektiert werden, z.B. alle männlichen Arbeitnehmer, die in Werk II arbeiten, eine Ausbildung als Maschinenschlosser haben, Mitglied der Gewerkschaft sind, verheiratet, in der Freizeit gern Fußball spielen, Linkshänder sind, bereits seit mindestens sieben Jahren im Betrieb beschäftigt sind, während dieser Zeit bereits zweimal umgezogen sind und in Lohngruppe C2III sind. Sind die Merkmale eingegeben, spuckt der Computer auf Knopfdruck alle Namen von Arbeitnehmern aus, auf die diese Merkmale zutreffen.

Bei einseitigen **Analyseverfahren** wird versucht, entweder mit Hilfe der Daten aus der Personaldatenbank oder der Arbeitsplatzdatenbank Entscheidungen durch 'objektive Daten' zu legitimieren. Wird z.B. einem Beschäftigten gekündigt, so kann mit einer Analyse der Personaldaten wie Krankenstände, Fehlzeiten, Überstundenzahl, etc. eine 'objektive' Begründung für die Entlassung gefunden werden. Mit einer derartigen Analyse der Arbeitsplatzdaten könnte z.B. die Herabgruppierung einer bestimmten Tätigkeit in eine andere Lohngruppe begründet werden.

Darüberhinaus lassen sich mit Hilfe gesamtbetrieblicher Analyseverfahren beispielsweise die Gehaltsstruktur eines Betriebes oder Personalkostenvergleiche zwischen mehreren Abteilungen berechnen. Ein wichtiger Aspekt sind sogenannte 'Simulationsrechnungen'. Mit ihrer Hilfe kann z.B. die Entwicklung der Personalkosten in einzelnen Abteilungen oder des gesamten Betriebes bzw. der Institution für die nächsten zehn Jahre berechnet werden. Es ist möglich, vom Computer eine Berechnung durchführen zu lassen, als deren Ergebnis der Computer die Entwicklung einzelner Tätigkeitsfelder oder die Entwicklung der Gesamtstruktur des Unternehmens für das Jahr 2000 ausspuckt.

Mit Hilfe **mathematisch-statistischer Verfahren** können in kürzester Zeit beispielsweise Fehlzeitenstatistiken errechnet werden. Die Unternehmen, die das System PAISY anwenden - übrigens das meistgenutzte PIS in der Bundesrepublik - können beispielsweise folgende Statistiken erstellen:
- Statistik zur Belegschaftszusammensetzung
- Fluktuationsstatistik
- Statistik zur Altersstrukturzusammensetzung
- Statistik zur Betriebszugehörigkeit
- Ausländerstatistik
- Krankenstatistik
- Überstundenstatistik
- Berufsgruppenstatistik
- Arbeitsplatzstatistik
- Schwerbehindertenstatistik
- Lohn- und Gehaltsstatistik
- Entgeltsgruppenstatistik
- Ausbildungsstatistik
- Sozialkostenstatistik (5)

Mit Hilfe dieser Verfahren werden also einfache Berechnungen durchgeführt und Statistiken erstellt. Nichtsdestotrotz können auch gerade solch einfache Statistiken sich für die Arbeitnehmer nachteilig auswirken. Denn sie liefern sogenannte 'objektive' Durchschnittswerte, an denen dann der einzelne Beschäftigte gemessen wird. Zum konkreten Nachteil kann dies insbesondere dann werden, wenn ein Beschäftigter häufiger krank ist als der Durchschnitt aller Mitarbeiter und dies als Entlassungsgrund herangezogen wird.

Mit Hilfe der **Alarmberichte** ist es den Personalverwaltungen zum erstenmal möglich, vom Personal-Informationssystem **automatisch** auf das Ablaufen bestimmter Fristen wie der Probezeit oder von Aufenthalts- und Arbeitsgenehmigungen hingewiesen zu werden. All diese Daten können täglich neu vom PIS berechnet und ausgedruckt werden. Denn: "Computer können sich im Gegensatz zum Menschen sehr genau erinnern, sofern man ihnen vorher sagt, wann und zu welchem Zweck sie das tun sollen." (6) So ist auch der automatische Ausdruck von Überschreitungen bestimmter 'Schwellwerte' möglich. Das PIS meldet beispielsweise automatisch alle Arbeitnehmer, die bereits mehr als dreimal krank waren, mehr als fünf Bier in der Kantine getrunken haben, oder sich nicht genügend an Betriebssportaktivitäten beteiligt haben. Wird so z.B. automatisch das Ablaufen eines Zeitvertrages gemeldet, besteht für den Beschäftigten nicht mehr die Möglichkeit, daß dies von der Personalverwaltung übersehen wurde, und er dadurch nach einer bestimmten Zeit die Möglichkeit hat, auf Festanstellung zu klagen. Der Faktor der menschlichen Unzulänglichkeiten und kleinen Fehler wird mit den Alarmberichten aus den Personalverwaltungen verbannt.

Der **Profilabgleich** ermöglicht den systematischen Vergleich der Daten aus der Personaldatenbank mit denen aus der Arbeitsplatzdatenbank. Auf diese Weise kann die Qualifikation eines Arbeitnehmers direkt mit den Anforderungen eines bestimmten Arbeitsplatzes abgeglichen werden. Die Abweichungen, die sich zwischen dem Qualifikations- und dem Anforderungsprofil ergeben (Überdeckungen und Unterdeckungen), können vom Computer grafisch dargestellt oder zahlenmäßig berechnet werden (vergleiche Abbildung 3). In Abbildung 3 zeigt sich, wo der Bewerber überall Qualifikationslücken aufweist, d.h. wo er den Anforderungen des Lagerarbeitsplatzes nicht gerecht wird. Seine körperliche Verfassung und seine Zuverlässigkeit werden zwar mit einem "gut" bewertet, doch reicht das für den angestrebten Arbeitsplatz nicht aus, denn hier wird ein "sehr gut" verlangt. Die größte Qualifikationslücke ergibt sich bei den EDV-Kenntnissen

Abbildung 3:
Profilabgleich am Beispiel eines Lagerarbeiters

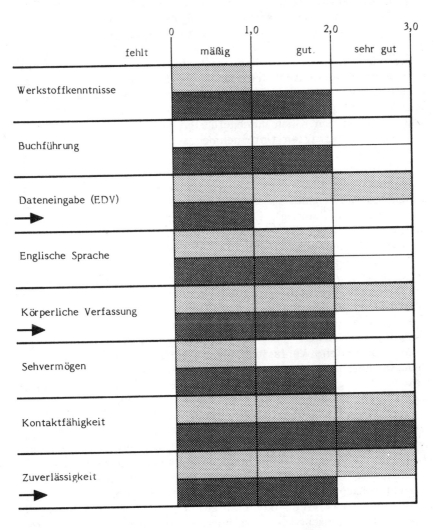

("mäßig"/"sehr gut"). Dagegen nützen dem Bewerber seine "guten" Buchführungskenntnisse wenig, da diese nicht gefragt sind. Die Buchführung wird vermutlich bereits per EDV durchgeführt; ein zentraler Punkt, bei dem der Bewerber auch noch die größte Qualifikationslücke hat. So wird wohl nichts aus dem neuen Job.

Mit der Grafik oder der sogenannten 'Abweichungskennzahl' ist dann z.B. ein automatischer Vergleich mehrerer Bewerber für eine Stelle möglich. So werden dann auch hier wieder Bewerber nach sogenannten 'objektiven' Kriterien ausgewählt; die Frage, ob jemand vielleicht mit den bereits in der entsprechenden Abteilung arbeitenden Kollegen gut zurechtkommt, spielt für den Computer keine Rolle. In einer von Kilian durchgeführten Untersuchung gaben 40,3 Prozent der befragten Unternehmen an, daß sie die Auswahl eines geeigneten Arbeitnehmers für einen Arbeitsplatz mit dem PIS bereits realisieren (weitere 14,9 Prozent planten ein derartiges Vorgehen); 22,4 Prozent der Unternehmen wählen auf diese Art auch einen geeigneten Arbeitsplatz für einen Arbeitnehmer aus (bei 13,4 Prozent war dies in der Planung). (7) Die angeführten Zahlen von Kilian spiegeln allerdings den Stand von Anfang 1979 wider, mittlerweile dürften die Zahlen also erheblich höher liegen.

Eine andere Möglichkeit der Verwendung der Profilmethode ist die Erstellung von Leistungsprofilen einzelner Beschäftigter. Dies gehörte nach der eben erwähnten Untersuchung in 55,2 Prozent der Unternehmen zu den Aufgaben des PIS. Die dabei zur Leistungsbeurteilung herangezogenen Daten können von der 'Mitgliedschaft in der Freiwilligen Feuerwehr' über das 'Ausbildungsniveau' und die 'allgemeine körperliche Verfassung' bis zu 'betriebsärztlichen Daten' reichen. (8) Eine nahezu perfekte Ausleuchtung des einzelnen Beschäftigten ist möglich, der 'gläserne Mitarbeiter' wird zur Realität. Nichts bleibt im Interesse des Arbeitgebers dem PIS verborgen. Auch die von Kilian angeführte herrschende Wissenschaftlermeinung, daß die Verwendung persönlichkeitsbezogener Daten für eine Leistungsbeurteilung abzulehnen sei, kann und darf nicht darüber hinwegtäuschen, daß die Arbeitgeber auch solche Merkmale zur Erstellung eines Leistungsprofils verwenden; die Möglichkeit dazu haben sie. Es läßt sich gut behaupten, daß z.B. die Merkmale 'geschieden', 'psychisch labil' und 'trinkt viel Alkohol' nicht zur Leistungsbeurteilung des Arbeitnehmers taugen. Doch was nützt diese Erkenntnis demjenigen, dem unter anderem wegen dieser Merkmale gekündigt wurde?

Die Verfahren der Profilmethode bringen eine neue Qualität in die Personalverwaltung und Personalplanung. Mit dem Argument der

'Objektivierung' von Personalentscheidungen und Leistungsbeurteilungen werden die einzelnen Beschäftigten in isolierte computergerechte Merkmale und Daten gegliedert und 'verrechnet'. Dabei berücksichtigt z.B. niemand, daß manche Daten in unterschiedlichen Kontexten auch unterschiedliche Bedeutungen haben können. Sowohl eine Maschine als auch ein Arbeitnehmer können mit dem Merkmal 'Einsatzbereitschaft' gekennzeichnet werden. Aber auch in Bezug auf eine einzelne Person kann dies Merkmal noch unterschiedliche Bedeutungen annehmen, a) Wille und Motivation des Beschäftigten, b) die Möglichkeit den Arbeitnehmer alle zwei Wochen auch sonntags einsetzen zu können, c) die körperliche Verfassung zum Einsatz an bestimmten Maschinen. Das Beispiel macht einmal mehr deutlich, daß es sogenannte 'objektive' Kriterien und Daten nicht gibt, da kein Merkmal in der Realität isoliert vorkommt, sondern immer in Bezug zu anderen Merkmalen steht, und daher auch nicht als isoliertes behandelt wird. "Es ist kritisch zu fragen, inwieweit die dargestellte Profilmethode die Persönlichkeit eines Arbeitnehmers hinsichtlich seiner Eignung für einen bestimmten Arbeitsplatz überhaupt angemessen zu beurteilen gestattet oder ob hier nicht wiederum durch die Isolierung von Einzelmerkmalen und deren computergerechte Aufbereitung die notwendige ganzheitliche Betrachtung des arbeitenden Menschen vernachlässigt wird." (9)

So führt die Anwendung der Profilmethode zu einer Benachteiligung der Beschäftigten, und die Gefahr der sozialen Diskriminierung wird durch den Einsatz von Personal-Informationssystemen bestimmt nicht geringer, im Gegenteil.

Personaldaten und ihre Erfassung

Welche personenbezogenen Daten werden gespeichert? Um auch nur einige der aufgezeigten Statistik- und Suchprogramme mit einem PIS durchführen zu können, bedarf es einer enormen Menge von Daten über die Beschäftigten selbst. Bis zu 2000 Daten pro Mitarbeiter sind schon heute möglich; die meisten Personal-Informationssysteme 'begnügen' sich mit einigen hundert Angaben pro Person. Aber auch in dieser Größenordnung sind zahlreiche Daten dabei, deren Speicherung zunächst einmal verwundert. Das umseitige Beispiel (Abb. 4) mag einen Eindruck dessen vermitteln, was sich nach dem Willen der Betreiber alles in einem PIS ansammeln soll. Es handelt sich hierbei

Abb. 4: Stammdatensatz PAISY

Name
Vorname
Postleitzahl
Wohnort
Ländername bei Auslandsanschriften
Straße
Staatsangehörigkeit (DÜVO-Schlüssel)
Geburtsdatum
Geschlecht
Familienstand
Werk/Gruppe
Stamm-Nr.
Abteilung (alt + neu)
Eintrittsdatum
Betriebszugehörigkeitsdatum
Weihnachtsgratifikationsdatum
Berechtigungsmerkmal für Opel-Altersversorgung /AV-Nummer)
Steuerklasse
Anzahl Kinder (lt. Steuerkarte)
Erlernte Berufe (max. 3)
Anlageinstitut f. vermögenswirksame Leistungen (VL), soweit nicht mit lfd. Nr. 41-44 identisch
VL-Vertrags-Nr.
Text für Sonderüberweisungen (im Bedarfsfall)
Urlaubsanspruch - Vorjahr
Urlaubsanspruch - lfd. Jahr
Schwerbehinderten-Urlaub
Anzahl Unterhaltsberechtigte für maschinelle Pfändungserrechnung
Pfändungsfreibetrag für maschinelle Pfändungserrechnung
Bruttoentgelt (Std.-Lohn, Gehalt, Ausb.-Vergütung u. Zulagen sowie tarifliche Vermögensbildung)
In der BRD seit (Datum)
Ummeldung aus Lohn/Gehalt (Datum ab)
Daten der Betriebskrankenkasse
- Eintrittsjahr
- Krankenzuschußkasse
- Sonstige Angehörige
- Geburtsdatum des Ehepartners
- Vorname des Ehepartners
Kirchensteuerschlüssel
Berlin-Kennzeichen (für Steuerermäßigung)
Gemeinde (lt. Steuerkarte)

Finanzamt (lt. Steuerkarte)
Steuerfreibetrag (jährlich)
Steuerfreibetrag (monatlich)
Länderschlüssel für Kirchensteuererrechnung
Lohnsteuerjahresausgleichsdurchführungsmerkmal (Ja bzw. Nein)
Versicherungsnummer lt. Versicherungsnachweisheft
Sozialversicherungsschlüssel für Errechnung der Soz.-Beiträge
Krankenkassenschlüssel
Einzugsstelle für Soz.-Vers.-Beiträge
Tätigkeitsschlüssel lt. DÜVO
Merkmal für Rentner/Rentenantragsteller lt. DÜVO
Merkmal f. Mehrfachbeschäftigung lt. DÜVO
Wöchentliche Normalarbeitszeit (40 Std. lt. DÜVO)
Wöchentliche Sonderarbeitszeit lt. DÜVO
Monatliche Sonderarbeitszeit
Tägliche Sonderarbeitszeit
Bankleitzahl Dienstwagen
Bankname Daten für ISP
Konto-Nr. Postleitzahl-Nachindex
Name des Kontoinhabers, falls abweichend lt. Angabe des Mitarbeiters
Überweisungsart. Bankverteilungsweg
Anzahl Kinder und zugehörige Daten (lt. Personalabteilung)
Betriebsrat/Vertrauensmann
Werkswohnung
Merkmal Methoden-Ausbildung
Teilzeit-Beschäftigung
Opel-Fahrerlaubnis
Führerscheinklasse
Richtlinien-Verteiler
Leitende Angestellte (Führungskräfte) Opel-Level
Urlaubsmerkmal für leitende Angestellte und Führungskräfte
Zusatzaltersversorgung
Ablauf Probezeit (Datum)
Letzter Wagenkauf
ISAR-Gruppen-Lebensversicherungsschlüssel und Versicherungsnummer
Maschinell errechnete, nichtgesetzliche Abzüge
- Freiwillige Krankenversicherung (Angestellte)
- Kranken-Zuschuß-Kasse
- Gruppenlebensversicherung

- Vermögensbildung
- Gewerkschaftsbeitrag (IG-Metall)
- Parkplatzversicherung
- Freiwillige Rentenversicherung (Angestellte)
- Freiwillige Lebensversicherung (Angestellte)
- Dienstwagenversteuerung

Positions-Index (Budgetkennzeichnung - Gehalt)
Sachkonto (Buchungskennzeichnung - Gehalt)
Angaben über die Abgabe einer DÜVO-Meldung
IG-Metall-Mitglieds-Nr.
Austritts-Datum
Austritts-Grund
Bundeswehr/Ersatzdienst (max. 7 Zeiten "von - bis")
Befristung (Merkmal, Datum)
Dauernachtschichtvertrag (Datum ab)
Vergütungen der Auszubildenden (max. 7)
- Einsatzdatum
- Gruppe
- Betrag

Gehaltsbestandteile der letzten 5 Gehaltsänderungen
- Einsatzdatum
- Änderungsgrund
- Gehaltsklasse
- Tarifgehalt
- Allgemeine Opel-Zulage
- Opel-Gehalt
- Tarifliche Leistungszulage
- Betriebliche Zulage
- Anrechenbare persönliche Zulage
- Anrechenbare Einstellungszulage
- Verdienstausgleich
- Ausgleichszahlung
- Vertreterzulage
- Erschwerniszulage
- Sprachzulage
- Leistungszulage - Prozentsatz
- Gesamtgehalt
- Stichtag Gehaltsüberwachung
- Bei der letzten Gehaltszusammensetzung alte und neue Leistungsbewertungspunkte
- Leistungszulage - Datum
- Vedienstausgleichsdatum
- Funktionsbereich

Stamm-Nr. des Ehepartners
Sonderberechtigungsdatum (Sonderausweise)
Bildungsurlaub (Datum ab)
Lohnbestandteile für 3 Monate
- Basis A/N
- Lohnart
- Lohnstufe

- LZ/ZA Punkte
- Zulagen verakkordisierbar
- Zulagen nicht verakkordisierbar
- Schicht alt

Verwarnungen/Verweise (max. 5, Art und Datum)
Lohnbestandteile der letzten 5 Lohnveränderungen
- Einsatzdatum
- Lohnstufe-
- Lohnart
- Leistungszulage
- Erschwerniszulage
- Anrechenbare Zulage
- Kolonnenführer-Zulage
- Dolmetscher-Zulage
- Leistungszulage - Differenzbetrag
- Gesamtlohn
- nicht verakkordisierbare Zulage Rohbauzulage
- nicht verakkordisierbare Zulage Schmiedezulage
- Lohnausgleich
- Gesamt-Punkte der Leistungsbewertung
- Bei der letzten Lohnzusammensetzung alte u. neue Leistungsbewertungspunkte
- mit dazugehörigen Berechnungsfaktoren
- Datum Schwerbehindertenzugang
- Merkmal BVS
- Schwerbehinderten-Merkmal
- Schwerbehinderten-%-Satz
- Mehrfachanrechnung
- Schwerbehinderten Beginn und
- Befristung
- Bewilligungs-Nr. und
- Bewilligungsamt
- Parkplatz-Nr. (Schwb-Parkplätze)
- Karenzzeit
- Einschränkung d. WÄD
- Beginn der Einschränkungen
- Befristung der Einschränkungen
- Schichtschlüssel f. Schwb.
- Arbeitshilfen
- Sitzplatz-Nr. Abt. Arbeitssicherheit

Mutterschaftsurlaub (Beginn u. Ende)
2. Wohnsitz (PLZ, Wohnort, Straße)
Tätigkeiten vor Opel (max. 3, Schlüssel und Datum "von - bis")
Tätigkeiten bei Opel (max. 7, Operation/-Position, Datum "ab")
Ausbildung (Beginn-Ende)
Lehrart / Opellehre / Schulbildung
Lehrgänge / Spezialausbildung (max. 3) / Sprachkenntnisse
Merkmal für Ingenieure / graduierte

um den Stammdatensatz des Paisy-Systems, das z.B. bei der Adam Opel AG eingeführt ist.(10)

Diese Liste der Stammdaten für Paisy umfaßt gerade einmal 115 Ordnungsnummern. Die Stammdaten sparen besonders problematische Daten wie zum Beispiel physische und psychische Merkmale sowie Leistungsbeurteilungen aus. Doch selbst in diesem so harmlos 'Personalstammdaten' genannten Arsenal befinden sich schon eine Reihe von Angaben, die Rückschlüsse über Anschauungen und Einstellungen sehr persönlicher Art zulassen:
- die Abrechnung der Kirchensteuern gibt Aufschluß über die Zugehörigkeit zu einer Religionsgemeinschaft;
- die Angaben über geleisteten Wehrdienst oder Zivildienst verraten unter Umständen eine kritische oder ablehnende Haltung gegenüber der Bundeswehr;
- die Pfändungsdaten geben Aufschluß über das monatlich zur Verfügung stehende Budget einer Familie;
- die Daten über Gewerkschaftszugehörigkeit sowie den monatlichen Beitrag geben Auskunft über gewerkschaftliche Organisierung; in einigen Systemen wird dies noch um Angaben zu Aktivitäten wie 'Meier war einer der Streikorganisatoren des letzten Streiks' erweitert;
- Angaben zum Ehepartner, falls er/sie im gleichen Betrieb beschäftigt ist; so können dann negative Beurteilungen des einen auf den anderen Partner zurückfallen.

Neben den Personalstammdaten enthalten Personal-Informationssysteme noch weiterreichende Datensätze über die Mitarbeiter, die zum Beispiel die beruflichen Chancen eines Arbeitnehmers über Jahre hin beeinflussen können.

Hinter dem sogenannten 'Fluktuationsschlüssel' (Abb. 5) (11) verbergen sich die genauen Gründe, weshalb ein Beschäftigter seinen Arbeitsplatz verliert oder warum er von sich aus gekündigt hat. Vielleicht hat ein Arbeitnehmer nie erfahren, daß die Begründung seiner Entlassung, z.B. 'Unzuverlässigkeit', weiterhin im PIS unter seiner Personalnummer gespeichert ist; vielleicht wundert er sich, warum er trotz vieler Vorstellungsgespräche keinen neuen Arbeitsplatz bekommt, obwohl doch die Unzufriedenheit seines Arbeitgebers keineswegs so deutlich in seinem Zeugnis vermerkt ist; vielleicht weiß er nicht, daß es in der Versicherungsbranche beispielsweise häufig zu einer Nachfrage beim alten Arbeitgeber kommt. Nicht einmal eine genaue Schilderung der Umstände, die zu seiner 'Unzu-

Abb. 5: Fluktuationsschlüssel

Art der Veränderung

Versetzungen, ausgelöst primär durch

G ☐ 01 Führungskräfteplanung/Führungsnachwuchsplanung
☐ 02 Innerbetriebliche Stellenausschreibung (regional und überregional)
☐ 03 Initiative des Mitarbeiters
☐ 04 Initiative der Firma
☐ 09 sonstige Sachverhalte (jedoch nicht "Versetzungen" auf KST 960, 961 und 965)

Ziel der Veränderung

☐ 00 Versetzung innerhalb des Werkes/der Niederlassung
☐ 01 Versetzung in inländisches Werk
☐ 02 Versetzung in Niederlassung
☐ 03 Übertritt in Beteiligungsgesellschaften
☐ 04 Übertritt in Vertretung
☐ 05 Übertritt in Unternehmen der Automobilindustrie
☐ 06 Übertritt in sonstiges Unternehmen der metallverarbeitenden Industrie
☐ 07 Übertritt in Unternehmen einer anderen Branche
☐ 08 Übertritt in den öffentlichen Dienst einschließlich Lehramt
☐ 09 Aufnahme der Arbeit im eigenen oder elterlichen Betrieb
☐ 10 keine weitere Tätigkeit
☐ 11 freiwillig zur Bundeswehr, Entwicklungshilfe etc.
☐ 18 vorübergehend arbeitslos

☐ 19 Sonstiges Ziel
☐ 99 Ziel unbekannt

Gründe der Veränderung

☐ 00 nicht erläuterungsbedürftige Veränderungen
☐ 01 Alter bzw. Mindestleistung wegen des Alters
☐ 02 Berufs- bzw. Erwerbsunfähigkeit
☐ 03 Krankheit
☐ 04 familienbedingt (Heirat, Kinder)
☐ 05 Weiterbildung
☐ 06 Änderung des Wohnorts
☐ 07 freiwillige Rückkehr ausländischer Mitarbeiter
☐ 08 Fehlen (Ablauf) der Aufenthalts- oder Arbeitserlaubnis
☐ 09 Rückkehr in den alten oder erlernten Beruf
☐ 10 Aufnahme der Arbeit im eigenen oder elterlichen Betrieb
☐ 19 sonstige private Gründe

☐ 20 Arbeitsverweigerung
☐ 21 Tätlichkeiten/Beleidigungen
☐ 22 Diebstahl
☐ 23 unentschuldigtes Fehlen
B ☐ 24 unbefriedigendes Verstehen mit Vorgesetzten
B ☐ 25 unbefriedigendes Verstehen mit Kollegen
B ☐ 26 unbefriedigendes Verstehen mit unterstellten Mitarbeitern
B ☐ 27 ungenügende Arbeitsleistung
☐ 28 Unzuverlässigkeit
☐ 29 sonstige verhaltensbedingte Gründe

B ☐ 30 anderwärts besserer Verdienst
B ☐ 31 anderwärts bessere Aufstiegsmöglichkeiten
B ☐ 32 zu wenig Verantwortung
B ☐ 33 eintönige oder aus ähnlichen Gründen unbefriedigende Arbeit
B ☐ 34 ungünstige Arbeitszeit
B ☐ 35 mangelnde Weiterbildungsmöglichkeiten
B ☐ 36 unzureichende Zukunftssicherung
B ☐ 37 nicht realisierte Versetzungswünsche
B ☐ 38 Versetzungen gegen den eigenen Willen
B ☐ 39 büromäßige Unterbringung (Großraumbüro/Schreibzimmer)
B ☐ 40 schlechter Arbeitsablauf

verlässigkeit' geführt haben, kann er abgeben, er denkt ja nicht daran, daß ihm sowas noch jahrelang anhängen wird.
Ähnlich ist es mit der Speicherung von **Disziplinarmaßnahmen**. "Diese Datengruppe stellt praktisch ein unternehmensinternes Strafregister dar. Während aber für die Strafregister im öffentlichen Bereich - etwa das Bundeszentralregister in Berlin - gesetzlich festgelegte Löschungsfristen existieren, gibt es derartige Fristen in den privaten Disziplinardateien nicht; d.h. disziplinarische Verfehlungen (was immer darunter fallen mag!) können dem Arbeitnehmer beliebig lange vorgehalten bzw. gegen ihn verwendet werden." (12)

Woher kommen die Daten?

Viele der Daten aus dem Stammdatensatz werden bei der Bewerbung oder bei der Einstellung durch den **Personalfragebogen** erhoben. Ist dieser Fragebogen maschinenlesbar, kann er direkt ins PIS eingespeist werden. Zwar sind die Personalfragebögen mitbestimmungspflichtig und enthalten daher zumeist Daten wie Anschrift, Ausbildung etc., die sich auf das Arbeitsverhältnis beziehen. Dies gilt aber längst nicht für alle Fragebögen; was in manchen Betrieben alles so gefragt wird (und aus Sorge um die gerade ergatterte Stelle auch beantwortet), spricht jeder Forderung nach dem Schutz der Intimsphäre Hohn: In einem Berliner Krankenhaus z.B. werden von einer Krankenschwester Angaben darüber verlangt, welche Krankheiten ihre Eltern haben und welche Methode der Empfängnisverhütung sie praktiziert.
Der **Werksarzt** liefert die medizinischen Daten über die Beschäftigten für den werksärztlichen Datenkatalog. Für die Speicherung physischer Merkmale werden in vielen PIS große Kapazitäten reserviert, da die Beschreibung gesundheitlicher Eignungen oder Beeinträchtigungen besonders wichtig für den Profilabgleich mit einem möglichen Arbeitsplatz ist. Im PIS gespeichert, verkommen die ärztlichen Untersuchungsergebnisse zu nackten Zahlen und Daten über die Funktionstüchtigkeit einzelner Gliedmaßen und Organe eines Menschen. Dieses Material dient dann unter Umständen zur Aussortierung derjenigen aus einer Abteilung, die dort langfristig 'überfordert' sein könnten. Denkbar wäre beispielsweise das sofortige Ausscheiden einer Arbeiterin von ihrem Prüfarbeitsplatz, sobald ihre Sehfähigkeit bei einer Kontrolluntersuchung einen bestimmten Wert unterschritten hat. Gesundheitsschutz im Interesse der Frau selbst? Solange ihre Augen noch gerade gut genug waren, um am Prüfarbeitsplatz zu funktionie-

ren, interessierte sich die Unternehmensleitung vermutlich wenig dafür, daß die Augen bei dieser Arbeit zwangsläufig schlechter werden müssen.

Nahezu unberechenbar für den einzelnen Beschäftigten sind die Daten, die sich aus einem **psychologischen Test** oder einem Persönlichkeitstest ziehen lassen, wie sie bei der Einstellung oder auch vor Weiterbildungsmaßnahmen durchgeführt werden. Da wird zum Beispiel als Ergebnis so eines Tests im PIS gespeichert, ob jemand kontaktfreudig ist oder eher introvertiert. Dies kann relevant werden unter der Fragestellung, ob jemand geeignet ist, ohne Kontakt mit Kollegen zu arbeiten; denkbar wäre eine Arbeit zwischen Maschinen und Robotern. Kontaktfreudige Menschen scheiden hier aus.

Der Bereich der psychischen Daten ist insgesamt höchstgradig sensibel einzuschätzen. Die ureigensten und intimsten Lebens- und Verhaltensäußerungen von Menschen werden hier zu nackten Zahlen reduziert und in für den Betroffenen undurchsichtiger Weise zu einem Persönlichkeitsprofil zusammengesetzt. Der Computer 'weiß' mitunter sogar von sexuellen Verhaltensmustern einzelner Mitarbeiter, die in psychologischen Einstellungstests verschlüsselt abgefragt wurden.

Weitere Daten erhält ein Personal-Informationssystem durch die **Leistungsbeurteilungen von Vorgesetzten**, die entweder turnusmäßig oder zu bestimmten Anlässen wie dem Ende der Probezeit, Versetzung, Beförderung erstellt werden. Diese Beurteilungen sind auch ohne ein PIS äußerst wichtig für einen Beschäftigten; im PIS abgespeichert erscheint solch eine Bewertung aber nicht mehr als ganzheitlicher Bericht über einen Menschen und seine Arbeit, sondern ist reduziert auf abspeicherbare Formeln und Begriffe. Auch die Vorgesetzten selbst unterliegen so dem Zwang, bei ihren Beurteilungen wiederkehrende Kategorien zu benutzen, auch wenn diese auf den einzelnen vielleicht gar nicht passen. Die Chance, so 'objektivere' Beurteilungen zu bekommen und nicht den 'subjektiven Vorbehalten' eines Vorgesetzten ausgeliefert zu sein, ist in Einzelfällen vielleicht vorhanden; im ganzen betrachtet wiegt aber die Gefahr schwerer, daß die Beschäftigten nur auf das Arbeitsverhalten hin beurteilt werden, das sich exakt messen und abspeichern läßt.

Der gesamte **betriebsinterne Werdegang** eines Arbeitnehmers kann im PIS verfolgt und nachvollzogen werden. Dazu gehören nicht nur Beförderungen, die Gehaltsentwicklung und betriebliche Weiterbildungsmaßnahmen. Auch **freiwillige Aktivitäten** wie die Teilnahme am Betriebssport und an allgemeinbildenden Kursen für Betriebsangehörige fügen sich in das Bild über die Beschäftigten im PIS zusammen.

Das Personal-Informationssystem steht nicht allein -
Ein PIS im Kontext der betrieblichen Informationsstruktur

Neben den aufgeführten Datenlieferanten gibt es in vielen Betrieben noch eine Reihe weiterer computergestützter Systeme, die, oftmals von den Betroffenen unbemerkt, das Verhalten der Beschäftigten auf Schritt und Tritt registrieren. Sie fungieren als 'Zuarbeiter' eines PIS, wenn es um die Auswertung von Personaldaten aus verschiedenen Bereichen geht.

Zugangs- und Bewegungskontrollsysteme regeln den Zutritt einzelner Arbeitnehmer zu den verschiedenen Bereichen des Unternehmens. Die Mitarbeiter erhalten maschinenlesbare Ausweise, die neben der Personalnummer und dem Namen des Besitzers eine zusätzliche Codenummer enthalten. Diese Codenummer ist mithilfe besonderer technischer Verfahren unsichtbar in den Ausweis eingesetzt und nur schwer zu löschen. Am Eingang des Betriebes sowie an den Zugängen zu bestimmten Betriebsteilen stehen Lesegeräte, die die Ausweise abtasten, um dann den Berechtigten den Zugang zu ermöglichen. Im angeschlossenen Computer werden zugleich Datum und Uhrzeit der Passage registriert. So wird verhindert, daß einzelne Abteilungen von allen Mitarbeitern betreten werden können. Unberechtigte Zutrittsversuche werden ebenso erfaßt wie häufiges Hin- und Herlaufen zwischen verschiedenen Bereichen. Genaue Bewegungsprofile einzelner Mitarbeiter können erstellt werden. Zur Fehlzeitenerfassung müssen nicht mehr per Hand alle Stechkarten durchgesehen werden. Zuspätkommer druckt der Computer automatisch am Ende jeder Woche oder jedes Monats aus.

Auch im Arbeitskampf sind Zugangskontrollsysteme 'hilfreich' für die Arbeitgeber: Aussperrung per Knopfdruck - der Computer macht's möglich, auch einzelnen Gruppen von Beschäftigten den Zugang zu versperren.

Als Lieferant von Leistungsdaten an das PIS fungiert vor allem das **Betriebsdatenerfassungssystem (BDE)**. Dieses verfolgt die Arbeitsvorgänge in den einzelnen Betriebsstellen und an den jeweiligen Arbeitsplätzen. Mithilfe der Kontrollmechanismen an den Arbeitsgeräten selbst (Bildschirme, Anschlagzähler an Schreibmaschinen, CNC-Maschinen etc.) und eigens für die Verfolgung von einzelnen Projekten erstellten Tätigkeitsberichten fügen sich die erhobenen Daten im BDE zum Gesamtbild des Produktions- und Verwaltungsablaufs im Betrieb zusammen. Zum einen wird so verfolgt, ob die Auftragserledigung dem Zeitplan entspricht; die Planung kann korrigiert werden, Materialverbrauch, Maschinenverschleiß und die Kosten für die eingesetzten Beschäftigten werden berechnet. Zum anderen ist so auch eine Auswertung des Arbeitsverhaltens einzelner oder von Gruppen von Beschäftigten möglich. Die Spielräume des Arbeitnehmers zur persönlichen Leistungs- und Zeitverteilung werden so unmittelbar eingeengt. Dem einzelnen Arbeiter wird es z.B. unmöglich gemacht, sich ein Akkordpolster für schlechte Zeiten zuzulegen, da die Zeiterfassung ja sofort automatisch erfolgt. Die Kontrolle über den Produktionsprozeß wird durch ein BDE also noch weiter zentralisiert. "Die Arbeiter im Betrieb werden wie Maschinen und Material in die Planung mit einbezogen, sie verlieren dadurch viel von ihren eigenen Entscheidungs- und Handlungsspielräumen. Die Kontrollmöglichkeiten des einzelnen über den jeweiligen Produktionsprozeß werden so stark eingeschränkt." (13)

Mit Hilfe der **Telefondaten-Überwachungssysteme** (TDÜ) wird die Kommunikation nicht nur im Betrieb, sondern auch mit Teilnehmern außerhalb des Betriebes erfaßt und überwacht. Hier wird registriert, wann von welchem Apparat mit welcher anderen Nummer wie lange telefoniert wurde. Einerseits dient dies zwar zur Abrechnung, andererseits wird aber auch erfaßt, welcher Arbeitnehmer während seiner Dienstzeit private Telefongespräche führt und mit wem er telefoniert. Auch über das 'leibliche Wohl' der Arbeitnehmer wacht in vielen Betrieben ein computergestütztes Informationssystem, das **Kantinen-Abrechnungssystem**. Haben die Beschäftigten bereits maschinenlesbare Ausweise, so wird die Kantinenabrechnung dadurch automatisiert, daß der Ausweis in die Registrierkasse eingesteckt wird, und die Kosten für das Essen und die Getränke werden automatisch vom Lohn abgezogen. So wird einerseits die Kantinenabrechnung rationalisiert, zugleich besteht aber auch die Möglichkeit der Kontrolle der Eß- und Trinkgewohnheiten der Arbeitnehmer. Dabei interessiert sich die Unternehmensleitung vielleicht für den Alkoholkonsum der Mitarbeiter, oder auch zum Beispiel dafür, ob ein Beschäftigter, der laut Auskunft des Werksarztes gesund ist, jeden Mittag die Diätkost wählt.

Alle genannten Systeme erfüllen also neben ihrer 'eigentlichen' Funktion noch die als Außenstation des PIS. (Abb. 6 zeigt die Personaldatenflüsse zwischen PIS und anderen Informationssystemen.) Aber auch das PIS wiederum stellt auf dem Weg zum informatisierten Betrieb nur einen Baustein der computergestützten Planung und Steuerung des Unternehmens dar. Weiter ausgebaut ist das Personal-Informationssystem integrierter Bestandteil eines übergeordneten,

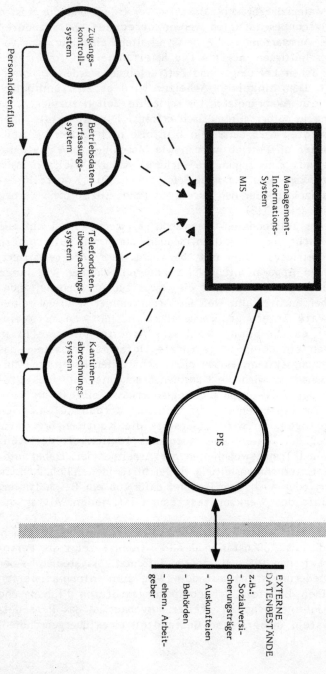

Abbildung 6:
Personaldatenflüsse zwischen PIS und anderen Informationssystemen

komplexen **Management-Informationssystems (MIS)**. Dieses MIS wertet alle Informationssysteme des Betriebes aus und koordiniert mithilfe der so gewonnenen Information Produktion, Verwaltung, Absatzplanung, Vertrieb und den Personaleinsatz in allen Bereichen.
So ein umfassendes System ist in den meisten Betrieben noch Zukunftsmusik. Es hat sich aber gezeigt, daß dort, wo PIS in privaten oder öffentlichen Unternehmen eingeführt wurden, andere Systeme nicht lange auf sich warten lassen. Umgekehrt wird mitunter mit der Einführung von Zugangskontrollsystemen begonnen, wo später Personalinformationssysteme folgen könnten. Die häppchenweise Einführung der Systeme darf nicht den Blick dafür verstellen, daß sie miteinander verknüpft weit gefährlicher gegen die Interessen der Beschäftigten eingesetzt werden können als dies bei der Einführung eines Einzelsystems scheint. Darüber hinaus geht die langfristige Planung großer Konzerne dahin, die Einzelbetriebe untereinander zu vernetzen - auch auf der Ebene der Personalplanung. Der Datenstrom fließt in diesen Fällen über Branchen- und über Ländergrenzen hinweg. Die Mitsui Company z.B. unterhält ein Personalinformationssystem mit 115 Zweigstellen in 69 Ländern. (14)

Externe Datenquellen

Auch von außerhalb der Betriebe oder Konzerne werden Daten über einzelne Beschäftigte herangezogen und im PIS abgespeichert. Die Mitteilungen über gerichtliche **Lohn- und Gehaltspfändungen** (gemäß § 829 u. 840 Zivilprozeßordnung) werden zur Berechnung gepfändeter Löhne und Gehälter benötigt; nach Ablauf des Pfändungszeitraumes bestünde aber eigentlich kein Grund mehr, die Daten über früher erfolgte Pfändungen weiter zu speichern. Auch bei Stellenbewerbern können zum Beispiel von der Schufa (15) und anderen **Auskunfteien** Angaben über ihre finanziellen Verhältnisse eingeholt werden.
Rechtlich problematisch ist die Speicherung von Auskünften ehemaliger Arbeitgeber eines Beschäftigten. Zwar sind institutionalisierte Versuche des Informationsaustausches in der Versicherungsbranche gerichtlich eingeschränkt worden; (16) dadurch ist aber keineswegs verhindert worden, daß Einzelanfragen mehr oder weniger stillschweigend oder mit (notgedrungener) Zustimmung des Betroffenen beantwortet werden. Weitgehend undurchsichtig ist bisher, wieweit auch die Computer der Bundes- und Landeskriminalämter und anderer staatlicher Organe für Auskünfte in Personalfragen herangezogen

werden (können). Bekannt geworden ist zumindestens ein Fall, in dem der Verfassungsschutz Informationen über die Parteizugehörigkeit, die Teilnahme an Demonstrationen und anderen politischen Aktivitäten von Mitarbeitern eines Betriebes zur Speicherung an die Personalleitung weitergeleitet hat. (17) Die genannten externen Datenquellen und hier in besonderem Maße die staatlichen Stellen bilden auch eine große Gefahr durch die mögliche Inanspruchnahme des PIS für ihre Belange. Gerade der Staatsapparat findet immer die Möglichkeit, durch Gesetze oder Verordnungen an die innerbetrieblichen Datensammlungen heranzukommen; die Diskussion der letzten Jahre um Rasterfahndungen sollte uns hier hellhörig gemacht haben. (18)

Aufgaben von Personal-Informationssystemen

Eingesetzt werden Personalinformationssysteme sowohl zur Umstellung der Personalverwaltung auf EDV wie auch als Planungs- und Entscheidungsinstrument für die Personal- und Unternehmensleitungen. Die Erfüllung von **Informationspflichten** der Betriebe gegenüber öffentlichen Institutionen wird oft als ein Grund genannt, weshalb ein PIS eingeführt werden soll. Tatsächlich gibt es solche Pflichten der Arbeitgeber gegenüber Statistischen Landesämtern, gegenüber staatlichen Stellen auf kommunaler, Landes- und Bundesebene; jedoch sind sie bisher auch ohne EDV-Anlage erfüllbar gewesen. Die Forderungen der Sozialversicherungsträger tauchen häufig als Begründung dafür auf, weshalb ein PIS angeblich so enorme Datenberge enthalten muß. Die 2. Datenerfassungsverordnung (DEVO) und die 2. Datenübermittlungsverordnung (DÜVO) verlangen die Weitergabe folgender Tatbestände: (19) Beginn einer Beschäftigung, Jahresmeldung, Ende einer Beschäftigung oder Auflösung des Arbeitsverhältnisses, Änderungen in den bisher gemeldeten Beitragsgruppen, Wechsel des Krankenversicherungsträgers, Unterbrechungen von mindestens einem Kalendermonat sowie die Korrektur bei veränderten Daten. Um die Meldungen durchführen zu können, benötigt die Personalverwaltung die aktuelle Anschrift des Beschäftigten, die Zahl der Kinder sowie Angaben zur erlernten und zur ausgeübten Tätigkeit. Das Unternehmer-Argument des 'Zwanges zum PIS' durch die Behörden und Verordnungen ist wohl eher vorgeschoben.

Die Veränderungen in der **Personalverwaltung** durch ein PIS machen sich schon bald nach seiner Einführung bemerkbar. Fast alle Tätigkeiten werden durch den Einsatz von EDV teilweise oder ganz vom Computer übernommen. Am Beispiel der Alarmberichte und der Erstellung von Statistiken (vgl. den Abschnitt zur Methodenbank) ist das augenfällig. Aber auch in der Abwicklung individueller Einstellungs-, Versetzungs- oder Kündigungsverfahren werden durch den Computer sowohl die Datenerfassung wie auch der Formular- und Briefausdruck rationalisiert.

Vor allem die Lohn- und Gehaltsabrechnungen per EDV verringern den Personalbedarf in den zuständigen Abteilungen enorm. Das PIS berechnet die Löhne und Gehälter in allen Einzelposten, Abzügen und Zuschlägen; es überweist die Beträge automatisch an die Geldinstitute und erstellt die Abrechnungen oder Lohnzettel für die Beschäftigten. Gleichzeitig kann es ständig aktuelle Lohnkostenberechnungen ausdrucken. Die Einführung eines Personal-Informationssystems bringt meist einen raschen Rationalisierungsschub in der Personalverwaltung. In diesem Bereich zeigt sich so sehr schnell, daß ein PIS ein Instrument zum Abbau von Arbeitsplätzen ist.

PIS als Instrument der Personalplanung

Von entscheidender Bedeutung ist ein Personalinformationssystem als Informationslieferant sowohl bei kurzfristigen Personalentscheidungen wie auch bei der Entwicklung oder Korrektur der langfristigen Personalpolitik eines Unternehmens. Vor allem der Faktor Zeit hat in der Vergangenheit die Unternehmensleitungen davon abgehalten, aufwendige Vergleichsrechnungen durchzuführen, um die Folgen einer Personalentscheidung im vorhinein durchzurechnen. Dies war, wegen des manuellen Suchaufwandes in den Personalakten, nur in Einzelfällen möglich. Durch den Einsatz der EDV und auch durch die größere Menge an verfügbaren Daten sind jetzt in kürzester Zeit mehrere Varianten einer Entscheidung durchzusimulieren. Ein PIS wird in jeden Einzelbereich der Personalplanung einbezogen.

Personalbedarfsplanung

Hierbei geht es um die Berechenbarkeit des Personalbedarfs auf dem Hintergrund anderer Berechnungen, wie Produktionsplanung, Absatzerwartung. Im PIS sind alle relevanten Bezugsgrößen im Hinblick auf die Arbeitsplätze und Anforderungsprofile erfaßt.

Personalbeschaffungsplanung

Die Personalbeschaffung wird durch den Einsatz eines PIS optimiert, da aufgrund des Anforderungsprofils des zu besetzenden Arbeitsplatzes systematisch der eigene Betrieb 'durchsucht' werden kann; auf dem Arbeitsmarkt selbst kann ein geeigneter Bewerber z.B. anhand seines beim Arbeitsamt vorliegenden Fähigkeitsprofils ausgesucht werden.

Personalabbauplanung

Den Personalabbau für ein Unternehmen möglichst 'billig' zu machen, auch dafür sorgt ein PIS. Entlassungen nach sozialen Gesichtspunkten kommen aufgrund von Sozialplänen, Abfindungen etc. teuer. Im übrigen verlassen so oftmals gerade leistungsstarke Arbeitnehmer die Betriebe, während die Unternehmen lieber die leistungsschwachen Leute heraushaben möchten. Die turnusmäßigen Kündigungen aufgrund von Fehlzeiten oder Krankheitstagen, die von einigen PIS automatisch vorgewarnt und durchgeführt werden, erfüllen hier alle Unternehmerwünsche. Ein anderes Beispiel PIS-gestützter Personalabbauplanung ist das bereits an anderer Stelle geschilderte Werksbusbeispiel.

Personaleinsatzplanung

Bei der Personaleinsatzplanung kommt der Profilabgleich zum Einsatz. Daneben kann aber auch zur Deckung von Sonderschichten die Personalabteilung "Arbeitnehmer aus den Dateien herausfischen, die besonders willfährig sind (z.B. Alkoholiker, Abgemahnte etc.). So kann jede Ablehnung von Mehrarbeit durch den Betriebsrat spielend unterlaufen werden." (20)

Personalentwicklungsplanung

Weiterbildungsmaßnahmen bilden einen gewichtigen Teil der betrieblichen Personalentwicklung. Übernimmt das PIS die Auswahl der 'geeigneten' Arbeitnehmer, treten die meßbaren, sprich: durch den Computer erfaßbaren Leistungen in den Vordergrund betrieblichen Karrierestrebens.

Personalkostenplanung

Da bereits am Lohntag Personalkostenrechnungen vorliegen und der Computer vor anstehenden technischen Neuerungen Personalkostensimulationen durchführen kann, wird jede Umbesetzung oder Änderung für die Unternehmensleitung berechenbar. Jede falsch besetzte Stelle kann im Zuge von ständigen Rationalisierungsschüben leistungsorientierter oder aber durch billigere Arbeitskräfte besetzt werden. Das PIS weist systematisch auf jede Rationalisierungsmöglichkeit hin.

PIS: Die 'Objektivierung der Undurchschaubarkeit'

Bei der Beschreibung möglicher Inhalte und Anwendungsformen von Personal-Informationssystemen ist bereits deutlich geworden, welche Gefahren und Auswirkungen ein PIS im einzelnen mit sich bringen kann. Doch wollen wir hier abschließend eine allgemeine Einschätzung der PIS-Folgen für die Beschäftigten geben.

    Da ist zunächst der von den Unternehmensleitungen beabsichtigte Rationalisierungseffekt eines Personal-Informationssystems. Neben den recht bald zutage tretenden Einsparungen im Bereich der Personalverwaltung sorgt ein PIS auch für einen im Arbeitgebersinne 'optimalen' Aussortierungsprozeß bei anstehenden Entlassungen durch den Einsatz anderer neuer Techniken in Büros und Fertigung. Soziale Kriterien, die bei drohenden Entlassungen noch über das 'wie' und 'wer' mitentscheidend sein könnten, werden durch das nackte Leistungsprinzip ersetzt - das PIS liefert hierzu die 'harten Fakten' wie Krankheitsdaten, Fehlzeiten, andere Abweichungen vom 'Normalfall'. Hinzu kommt der Rationalisierungseffekt, den ein PIS mit dem systematischen Durchkämmen aller Arbeitsplätze nach Fehlbesetzungen und

Einsparungspotentialen offenlegt. 'Flexible Arbeitsplatzbesetzung' ist ein weiteres Stichwort im Rationalisierungskarussell. Es gibt Vorstellungen, jeden Morgen jedem Beschäftigten einen Arbeitsplatz zuzuweisen, je nachdem, wo er/sie gerade gebraucht wird. Eine ganze Belegschaft als 'Springer'? Die Beschäftigten dienen in diesen Planspielen lediglich als Manövriermasse. Das ist nichts Neues im betrieblichen Kräfteverhältnis; doch durch ein Personal-Informationssystem werden die Gefährdungspotentiale zunehmend unklarer und nebulöser. Gegenstrategien der Beschäftigten und ihrer Vertretungen müssen so gegen eine ganze Reihe von 'Unbekannten' vorgehen.

Da sind zunächst einmal die Datenbestände, die zwar zumeist zentral verarbeitet werden, jedoch dezentral an ganz unterschiedlichen Stellen und von verschiedenen Systemen erhoben werden. Auch die Datenausgabe kann dezentral an unterschiedliche Personen mit verschiedenen Fragestellungen erfolgen. Für den einzelnen Beschäftigten wächst damit nur die Undurchschaubarkeit des Systems. Er überblickt einfach nicht mehr, wo überall im Betrieb Daten über ihn automatisch erhoben werden, und wo und zu welche Zwecken diese Daten dann verarbeitet werden. Selbst wenn der einzelne Arbeitnehmer in Einzelfällen noch erkennen kann, welche Daten über ihn gesammelt werden, z.B. im Personalfragebogen, so ist für ihn der Verwendungszweck dieser Daten unbestimmt und unkontrollierbar. Der Beschäftigte kann nicht überprüfen, ob die von ihm erhobenen Daten nicht zu ganz anderen Zwecken verwandt werden, als zu denen, die offiziell mit seiner Einwilligung erhoben wurden. Gezielt werden die Beschäftigten darüber im Unklaren gelassen, wo überall Daten von ihnen erhoben und gespeichert werden. Auch die 'Haltbarkeit' der Daten vergrößert die Ungewißheit, was sich da nun eigentlich alles über eine Person angesammelt hat. Denn die einzelnen wissen ja nicht, ob zeitlich längst überholte Daten immer noch gespeichert sind oder gelöscht wurden. Diese Undurchschaubarkeit des Systems und die grundsätzliche Möglichkeit, alle - auch in verschiedenen Informationssystemen - erhobenen Daten miteinander zu verknüpfen, perfektionieren die Kontrolle der Arbeitnehmer. Der 'Datenschatten' wird immer länger, die Beschäftigten werden zum Objekt ihrer Daten und deren Verarbeitung. Damit wächst aber auch die Angst vor der 'Datenmafia'. Denn die Anwendung von Personal-Informationssystemen ermöglicht durch die perfektionierte Leistungs- und Verhaltenskontrolle der einzelnen Beschäftigten eine Ausweitung der Praxis, sogenannter 'schwarzer Listen'. Diese können zum einen auf erhebliche breiterer Datengrundlage erstellt werden, und stehen zum anderen praktisch auf Knopfdruck zur Verfügung. Solche Schwarzen Listen stempeln die Betroffenen dann als auffällig oder unbequem ab; das kann sich auf die Arbeitsleistung, auf politische oder gewerkschaftliche Aktivitäten beziehen - für die Betroffenen bedeutet es oft das 'Aus' in der Branche, in dem Beruf oder auf dem örtlichen Arbeitsmarkt (unabhängig davon, ob die Daten über ihre Person unvollständig, aus dem Zusammenhang gerissen oder schlicht falsch sind). Der Datenschatten wird zum Alptraum der Beschäftigten. Die Angst vor undurchsichtigen negativen Konsequenzen bleibt nicht folgenlos: Übervorsicht und vorbeugende Verhaltensänderungen (damit man erst gar nicht in Verdacht gerät) bescheren den Arbeitgebern die 'freiwillige' Anpassung der Beschäftigten. Für die Gewerkschaften kann das unter anderem zur Folge haben, daß die Bereitschaft, sich aktiv in den Betrieben einzusetzen, merklich abnimmt.

Das PIS drückt nie ein Auge zu. Der Computer trifft 'objektive' Entscheidungen aufgrund einer 'objektiven' Datenlage, wie Unternehmensleitungen nicht müde werden, zu betonen. Der Kontext, in dem die Daten einmal erhoben worden sind, wird nicht mehr berücksichtigt: Schlechte Arbeitsleistung bleibt schlechte Arbeitsleistung, egal ob dafür gerade eine momentane psychische Unpässlichkeit des Arbeitnehmers verantwortlich ist, oder aber vielleicht auch die Umgebung des Arbeitsplatzes, die durch zunehmende Belastung (z.B. durch Lärm und Staub) die Arbeitsleistung beeinflußt. Zudem ist es dem PIS natürlich völlig 'gleichgültig', ob es gerade die Entlassungsgründe für einen Beschäftigten ausspuckt oder eine Statistik über Produktions- und Verkaufszahlen. 'Objektiv' heißt dabei auch, daß der einzelne Beschäftigte in unzählige Einzelmerkmale zerlegt wird. Der Arbeiter X und die Arbeiterin Z bestehen dann für das PIS aus isolierten Einzeldaten: aus der psychischen Verfassung, die im PIS als Zahlenfolge dargestellt und gespeichert ist (z.B. 0 0 1 0 1 1 1 0 0) oder aus der 'Beinbeanspruchung' bzw. dem Merkmal 'sieht gestochen scharf'. Auch die Kombination der unzähligen Einzelmerkmale kann einen Menschen nicht 'objektiv' beschreiben. Im Gegenteil. Je mehr der isolierten Daten zusammenkommen, desto größer werden die Lücken, desto falscher wird das (Gesamt-)Bild.

Die sogenannte 'objektive Datenlage' ist in Wirklichkeit Ausfluß und Ergebnis einer gezielten und von Einzelinteressen geprägten Datenerhebung, also eine ausgesprochen subjektive Angelegenheit. Trotzdem bietet diese Scheinobjektivität ihren Benutzern, also in diesem Fall den Arbeitgebern, immer wieder den Vorwand, bestimmte Entscheidungen unter dem 'Zwang' der vorliegenden Daten so und nicht anders treffen zu müssen. Welche Auswahl aus den vorhandenen Daten getroffen wird, um eine Entscheidung zu legitimieren, liegt wiederum an den Interessen der Arbeitgeber.

Auch das Informationsgleichgewicht in den Unternehmen verlagert sich zuungunsten der Beschäftigten. Denn die Verfügungsgewalt über die erhobenen Daten liegt bei den Unternehmensleitungen. Daran ändert auch eine Benachrichtigung der Betriebsräte über erfolgte Auswertungen und Programme des PIS nichts. Zudem werden die Betriebsräte in vielen Betrieben bewußt verwirrt von den Unternehmensleitungen: entweder durch gezieltes Überschütten des Betriebsrats mit Informationen, die er so schnell und in der Fülle gar nicht vernünftig auswerten kann; oder aber der Betriebsrat wird lückenhaft, verspätet oder falsch informiert, so daß die tatsächlichen Ziele und Planungen des Unternehmens unklar bleiben.

Der Machtzuwachs der Unternehmensleitungen wird auch auf der Tarifebene deutlich. Die Arbeitgeber haben z.B. die Möglichkeit, während laufender Tarifverhandlungen die Kostenentwicklung im Unternehmen auf Knopfdruck berechnen zu lassen und haben die entsprechenden Daten permanent und blitzschnell parat. Der Arbeitnehmerseite stehen derartige Mittel nicht zur Verfügung, so daß sie natürlich zusätzlich in ihrer Verhandlungsposition geschwächt ist. Personal-Informationssysteme sind faktisch das ideale Herrschaftsinstrument für die Arbeitgeber. Denn mit ihrer Hilfe lassen sich nicht nur die Leistung und das Verhalten der Arbeitnehmer kontrollieren, auch die gewerkschaftliche und politische Tätigkeit wird überwacht; die Einschüchterung der Beschäftigten durch die 'Objektivierung der Undurchschaubarkeit' verstärkt den Anpassungsdruck. Die Vertretungen der Beschäftigten geraten in ein 'uninformiertes' Hintertreffen. Der Gebrauch von Personal-Informationssystemen erfolgt ausschließlich im Interesse und zum Nutzen der Arbeitgeber.

Neue Technologien im Betrieb

Das Personal-Informationssystem ist in den meisten Betrieben nur ein Anwendungsbereich der EDV. Die Unternehmensleitungen versuchen deshalb oft bei seiner Einführung den Belegschaften weiszumachen, da sei ja doch nun kein Unterschied, ob die Lohn- und Gehaltsabrechnung manuell oder eben per Computer geführt werde; und die übrigen Angaben der Personalakte dem Computer einzufüttern, da könne doch sicher auch niemand Bedenken haben? Mehr sei ja gar nicht geplant ...

Aber gerade weil ein Personal-Informationssystem neben anderen EDV-gesteuerten Systemen arbeitet, bieten sich für die Unternehmensleitung weit mehr Daten zur Erfassung der Mitarbeiter an, deren Verknüpfung ein Bild aller einzelnen Arbeiter und Angestellten liefert. Das Personal-Informationssystem kann also ein entscheidender Baustein in einem umfassenden Informationssystem auf Betriebs- oder sogar Konzernebene sein. Um dies zu verdeutlichen, wollen wir zunächst einen kurzen Überblick über den Einsatz der Computertechnologie in Betrieben geben.

Computer als Instrumente der Rationalisierung und Überwachung

"Die menschenleere Fabrik ist in zehn Jahren Wirklichkeit" lautete eine Schlagzeile der Frankfurter Rundschau im Sommer 1982, (1) und eine 'Fabrik der Zukunft' kann man sich mit etwas Phantasie schon heute vorstellen: ... Aus einem zentralen Raum heraus beobachtet ein Angestellter die Kontrollwand, auf der er den gesamten Betriebsablauf verfolgen kann: Eine Serie neuer Maschinen soll hergestellt werden. Die Berechnungen und Konstruktionsunterlagen sind vom Computer der Konstruktionsabteilung erstellt und können jederzeit abgerufen werden. Die computergestützten Werkzeugmaschinen, Fördersysteme und Roboter sind bereits neu programmiert, ein Prozeßrechner überwacht den gerade angelaufenen Produktionsprozeß und steuert die Zufuhr von Rohmaterial. Eventuell auftretende Fehler können automatisch behoben werden. Der Hauptcomputer meldet den reibungslosen Produktionsbeginn an den Zentralcomputer des Konzerns in Übersee ...

An diesem keineswegs völlig unrealistischen Bild der Fabrik von morgen wird deutlich, welchen Zweck die Unternehmen verfolgen: die Produktivität soll gesteigert werden, und langfristig ist es erheblich billiger, in Maschinen zu investieren als arbeitende Menschen zu bezahlen. Dies gilt gerade im Bereich der Mikroelektronik, da die Geräte und Programme in den letzten Jahren immer billiger geworden sind. Die Rechnung scheint für die einzelnen Firmen derzeit aufzugehen. (2) Der Computereinsatz bringt nach einer kurzen Anlaufphase enorme Rationalisierungseffekte. Die Folgen sind Arbeitsplatzverluste durch Entlassungen oder schleichenden Stellenabbau sowie Arbeitsintensivierung an den verbliebenen Arbeitsplätzen. Wieviel Arbeitsplätze tatsächlich vernichtet werden, ist eine problematische Schätzung, denn Unsicherheitsfaktoren wie die wirtschaftliche Entwicklung, Wachstumsraten, Einflußmöglichkeiten der Gewerkschaften auf die Arbeitszeitverkürzung lassen sicherere Voraussagen kaum zu. Dennoch können Studien einen Eindruck von den verheerenden Ausmaßen der Arbeitsplatzzerstörung geben: Briefs schätzt aufgrund der Prognosen der Siemens-Studie 'Büro 1990' bis zu 1,5 Millionen wegfallende Arbeitsplätze allein im Bürobereich. Beim Einsatz von Industrierobotern in der Fertigung kommen im Schnitt auf einen neugeschaffenen Arbeitsplatz fünf vernichtete. Demgegenüber ist die Zahl der neuen Arbeitsplätze in der Computerindustrie oder in den Rechenzentren der Betriebe äußerst gering. Briefs spricht vom "prinzipiell arbeitsplatzzerstörenden Charakter der neuen Technologien", (3) mit anderen Worten: Die Rationalisierung ist der eigentliche Zweck des Computereinsatzes.

Darüber sollte auch nicht hinwegtäuschen, daß in einzelnen Fällen die Computertechnologie dazu beitragen kann, Menschen von gefährlicher oder gesundheitsschädigender Arbeit zu befreien. Industrieroboter zum Beispiel können durchaus als Beitrag zur Humanisierung der Arbeit verstanden werden, wenn sie monotone Tätigkeiten in Hitze, Staub und großem Lärm übernehmen. Doch muß vor dem Einsatz der Industrieroboter geklärt werden, wo die 'überflüssig' gewordenen Kollegen anschließend arbeiten können.

Computer halten in allen Bereichen Einzug. Nicht nur ungelernte und angelernte Tätigkeiten sind betroffen; auch dort, wo bisher qualifizierte Fachleute gebraucht wurden, kommen die Computer verstärkt zum Einsatz. Folgen für die Betroffenen können Dequalifizierungen sein mit Lohneinbußen durch Abgruppierung, aber auch eine Reduzierung ihrer Verantwortungs- und Entscheidungsbereiche. So können die Unternehmen auf einen Teil von hochqualifizierten Fachkräften verzichten - eine Gruppe von Beschäftigten mit vergleichsweise hohem Einfluß in der Arbeitsorganisation. Die Entscheidungsgewalt auch über kleinste Arbeitsabläufe verlagert sich so noch weiter zur Unternehmensspitze hin. Gleichzeitig wird die Arbeit an computergesteuerten Maschinen und an den Bildschirmgeräten bis ins Detail kontrollierbar und meßbar; ein Kontrollsystem regelt nicht nur den Arbeitsablauf, sondern registriert auch die Leistung, die Pausen, das Tempo und die Ausfälle jeder Arbeitskraft. Ein enormes Reservoir an Leistungsdaten sammelt sich hier an, das - mit den übrigen Daten des Personal-Informationssystems verknüpft - das Arbeitsverhalten der Menschen erschreckend ausleuchtet. Kein Betriebsteil und auch nicht öffentliche Verwaltungen bleiben verschont: in Konstruktion, Produktion und Verwaltung sind Computer auf dem Vormarsch. (4)

Computer in der Konstruktion

Computergestütztes Konstruieren wird in den Konstruktionsabteilungen vieler Branchen eingeführt: In der Elektrotechnik und im Fahrzeugbau, in Hochbaufirmen und Betrieben der Bekleidungsindustrie beispielsweise entwerfen Ingenieure neue Konstruktionen am Bildschirmgerät oder verändern alte Modelle durch Neuberechnungen des Computers. CAD (computer aided design)-Systeme sind schätzungsweise in einem Drittel der Maschinenbaufirmen im Einsatz; andere Branchen entdecken gerade erst die großen Einsparungspotentiale, die diese Technik in einem Bereich hochbezahlter Spezialisten, der Ingenieure, bietet. Bestandteile einer CAD-Station sind die
- Geräte zur Dateneingabe: ein Bildschirmgerät mit Tastatur zum Eintippen von Zeichen, Buchstaben und Zahlen; daneben auch häufig Lesegeräte zum Abtasten von Zeichnungen und sogenannten Menutabletts mit vorgespeicherten Konstruktionsbefehlen;
- Ausgabegeräte, neben dem Bildschirm selbst sind dies auch Drucker sowie automatische Zeichengeräte (Plotter);
- Datenbanken, in denen die Daten des zu konstruierenden Gegenstandes sowie Daten der Materialien und komplexer, immer wieder verwendeter Bauteile gespeichert sind;
- Methodenbanken mit Berechnungs- und Konstruktionsprogrammen.

Es gibt sowohl CAD-Stationen mit eigenem Kleinrechner wie auch Systeme, deren Programme auf dem zentralen Betriebscomputer abgewickelt werden.

Der Hauptanwendungsbereich des CAD liegt derzeit noch bei der Herstellung von Zeichnungen und Stücklisten; jedoch verläuft auch der eigentliche Konstruktionsprozeß, so die Suche nach der optimalen Lösung eines gestellten Konstruktionsproblems, zunehmend mit Hilfe von CAD-Programmen. Zudem geht die Verbesserung der Systeme schnell voran, so daß immer kompliziertere Aufgabenstellungen von den Computern bearbeitet werden können. Produktivitätssteigerungen von 300% und mehr haben Ingenieure selbst ausgerechnet, die mit CAD-Systemen arbeiten. So ist es nur eine Frage der Zeit, wann die ersten Ingenieure gehen müssen, wenn computergestütztes Konstruieren in einem Betrieb eingeführt wird. Auch technische Zeichner sind von diesem Trend betroffen, da das Erstellen von Zeichnungen oftmals von Plottern erledigt wird, die direkt im Anschluß an den Konstruktionsprozeß die Berechnungen des Computers umsetzen. Die gesamte Arbeitssituation in den Konstruktionsbüros verändert sich. Die Angestellten werden von dem Computer nicht nur von ermüdender Routinearbeit entlastet, wie so oft angenommen wird. Auch hochqualifizierte Tätigkeiten, für die Ingenieure ein Studium und technische Zeichner eine Ausbildung absolviert haben, übernimmt nun, einmal mit diesen Kenntnissen gefüttert, der Computer. Außerdem wird durch das Fehlen von Routinearbeit eine ständig höhere Konzentration gefordert, die eine enorme Belastung darstellt, gerade im 'Dialog' mit dem Computer.

Die Verdichtung der Arbeit setzt die Beschäftigten unter einen permanenten Entscheidungsdruck, ausgelöst durch die ständige Forderung des 'wartenden' Bildschirms. Der Leistungsdruck steigt besonders stark; zum einen ist dies durch die Angst bedingt, dem Vergleich mit den Kollegen nicht standhalten zu können, um bei weiterem Personalabbau nicht auf der Strecke zu bleiben; zum anderen bedeutet die Arbeit am Bildschirmgerät generell eine permanente Leistungsüberwachung, da alle Arbeitsschritte eines Bearbeiters aufgezeichnet, alle Pausen oder Fehler registriert werden können. Wie schnell jemand Aufträge bearbeitet oder wie langsam, auch das ist mögliches Material für ein Personal-Informationssystem.

Computer in der Produktion

Computergestützte Produktion (computer aided manufacturing CAM) bezeichnet den Computereinsatz in den Bereichen Arbeitsvorbereitung, Produktion und Produktionsüberwachung. In der **Arbeitsvorberei-**

tung wird aufgrund der Unterlagen aus der Konstruktion die Produktion geplant und die Produktionssteuerung festgelegt. Hier wird entschieden, an welchen Arbeitsplätzen was mit welchen Materialien und in welcher Zeit hergestellt werden soll. Es werden Arbeitspläne, Lohn- und Materialscheine geschrieben. Dies geschieht in zahlreichen Unternehmen schon seit einigen Jahren computergestützt. Erfolgt nicht nur der Ausdruck der Pläne per Computer, sondern auch die Planung selbst, kann auch von computergestützter Produktionsplanung gesprochen werden (computer aided planning CAP). In einigen Betrieben ist es bereits möglich, das CAP-System direkt an das CAD-System anzuschließen, eine Tendenz, die die Arbeitsplaner in einigen ihrer Aufgabenbereiche gänzlich überflüssig werden läßt.

In der **Fertigung** selbst werden Computer sowohl an den einzelnen Arbeitsplätzen wie auch als Steuerungssysteme des Gesamtablaufs eingesetzt.

Die herkömmlichen Werkzeugmaschinen (z.B. zum Drehen, Fräsen, Schleifen, Bohren) weichen zunehmend den **numerisch gesteuerten** Werkzeugmaschinen (NC Maschinen, numerical control). Diese sind in verschiedenen Ausführungen im Einsatz:
- in ihrer einfachsten Ausführung bekommen sie das Programm zur Bearbeitung eines Werkstücks per Lochstreifen eingegeben. Einmal programmiert, läßt sich das Programm vom Maschinenarbeiter selbst nicht mehr ändern. Der Arbeiter an der NC-Maschine spannt die zu bearbeitenden Stücke ein und aus und besorgt das Umrüsten der Maschine; der Bearbeitungsprozeß selbst jedoch wird von der Maschine erledigt;
- als CNC-Werkzeugmaschinen (CNC = computerized numerical control) sind sie auch am Arbeitsplatz selbst mithilfe eines eigenen kleinen Rechners programmierbar. Dies bedeutet erhöhte Flexibilität bei häufigem Produktwechsel;
- in Gruppen können sie von einem zentralen DNC-System aus programmiert werden (DNC = direct numerical control).

Der Trend geht überwiegend zum Einsatz von CNC-Maschinen, da hiermit flexibel auf Produktumstellungen reagiert werden kann. Obwohl aber an diesen Maschinen die Möglichkeit besteht, daß die Programmierung vom Arbeiter am Arbeitsplatz direkt vorgenommen wird, überlassen die meisten Betriebe diese qualifizierte Tätigkeit trotzdem den Arbeitsorganisatoren. Nur ca. 10% der CNC-Maschinenarbeiter sind für die Programmierung selbst zuständig. Die übrigen Arbeiter verrichten an den CNC-Maschinen Tätigkeiten, für die eine

Anlernzeit zumeist ausreicht, während an herkömmlichen Werkzeugmaschinen zum großen Teil Facharbeiter gebraucht wurden.

Industrieroboter sind Handhabungsautomaten mit (zumeist auswechselbaren) Greifern und anderen Werkzeugen, die zum Beladen von Maschinen oder zum Bearbeiten von großen oder komplizierten Werkstücken eingesetzt werden. Einige Tausend Roboter sind derzeit in der Bundesrepublik im Einsatz, ein Großteil in der Automobilindustrie, z.B. zum Schweißen und Lackieren. Häufig werden die Industrieroboter direkt am Arbeitsplatz programmiert. Die Entwicklung neuer Generationen von Robotern, die durch Sensoren 'tasten' und durch kleine Kameras 'sehen' können, wird in immer mehr Bereichen die Menschen zugunsten der Maschinen zurückdrängen. Auch hier sind nicht nur ungelernte Arbeiter betroffen, auch Facharbeiter werden durch Roboter ersetzt. Die verbleibenden Arbeiter erleben eine zunehmende soziale Isolierung inmitten der Maschinen. Gleichzeitig wird ihnen gerade eine besonders hohe Konzentration auf den vom Roboter vorgegebenen Arbeitstakt abverlangt. Die Anspannung steigt so enorm.

Prozeßrechensysteme steuern Produktionsabläufe anhand vorgegebener Daten und der ständig ausgewerteten Vorgänge des Produktionsprozesses selbst. In der Verfahrenstechnik (Fließgutbearbeitung, z.B. in der Energietechnik) können Prozeßrechner der höchsten Ausbaustufe den gesamten Produktionsprozeß steuern, überwachen und korrigieren; den Menschen bleibt hier lediglich die Überwachung der Maschinen. Auch in der Stückgutfertigung sind Prozeßrechner im Einsatz. Die ununterbrochene 'Rückmeldung' aus dem Arbeitsablauf wird automatisch durch Meßinstrumente, Zählwerke, Sensoren usw. an den Rechner signalisiert und dort verarbeitet. Solche Rechner steuern beispielsweise DNC-Systeme und ganze Fertigungssysteme, bestehend aus mehreren Maschinengruppen und Transportsystemen. Gleichzeitig registriert ein Prozeßrechner natürlich auch alle Leistungsdaten der an den Maschinen Beschäftigten: eventuelle Pausen, Verzögerungen, Ungenauigkeiten und auch das allgemeine Arbeitstempo, nichts entgeht der Kontrolle des Rechners.

Computer in der Verwaltung

In der Bundesrepublik arbeiten zur Zeit etwa fünf Millionen Angestellte in privaten und öffentlichen Verwaltungen. Während im Produktionsbereich seit Anfang des Jahrhunderts durch neue Fertigungsverfahren und zunehmende Automation die Produktivitätsraten ständig in die Höhe geschnellt sind, ist die Entwicklung im Verwaltungsbereich vergleichsweise langsam verlaufen. Zwar wurden auch hier neue Arbeitsmittel, wie die Schreibmaschine, Rechenautomaten usw. entwickelt, gleichzeitig jedoch wuchs aufgrund zunehmender Komplexität der Verwaltungsaufgaben der Personalbedarf in den Verwaltungen. Einschneidende Rationalisierungsmaßnahmen sind vor Jahren erst mit der Abtrennung einzelner Arbeiten begonnen worden (z.B. die Einrichtung von zentralen Schreibpools). Diese Schritte waren und sind ohne Computereinsatz durchführbar, bilden aber oft die organisatorische Voraussetzung zur Einführung computergestützter Arbeit im Büro. Andererseits streben viele Unternehmen mit Hilfe der Computersysteme eine Integration bisher getrennter Arbeiten am Bildschirmarbeitsplatz an - eine Tendenz, die ganze Berufsgruppen unter den Angestellten und hier besonders die 'typischen' Frauenarbeitsplätze gefährdet. Das sind zum einen die schreibenden Berufe wie Phono- und Stenotypistinnen, aber auch der Beruf der Datentypistin, der vor einigen Jahren jungen Frauen noch als 'Beruf mit Zukunft' angepriesen wurde.

Ein **Computerarbeitsplatz** zum Sammeln, Bearbeiten, Archivieren und Ausgeben von Informationen besteht meist aus einem Terminal mit Eingabetastatur, Bildschirm, Speichereinrichtung (Disketten, Magnetbandkassetten, Mikrofilm) und Drucker. Er kann entweder an einen zentralen Großcomputer angeschlossen sein oder aber einzeln als Tischcomputer oder in Gruppen mit anderen Terminals (Bürocomputersysteme) arbeiten. Die Herstellerfirmen verkaufen solche Systeme in jeder Größenordnung mit fertigen Programmen (Standardsoftware), die lediglich mit den firmenspezifischen Daten gefüttert zu werden brauchen. So wird es auch für kleine Betriebe mit wenig Beschäftigten in der Verwaltung immer attraktiver, sich der EDV zu bedienen, zumal die Preise für solche Systeme weiter sinken.

Die **Sachbearbeitung** an so einem Bildschirmarbeitsplatz geschieht durch das Abrufen aller gewünschten Daten aus dem Computer, die die Sachbearbeiter/innen früher in Archiven und Akten gefunden haben. Die Neueingabe und Korrektur der Daten erfolgt ebenfalls am Terminal. Je nach Computerprogramm beeinflußt der Computer den Arbeitsablauf unterschiedlich stark. Oftmals liefert er lediglich alle Hilfsdaten, die der Sachbearbeiter braucht, um seine Entscheidungen treffen zu können; immer mehr werden die Computer jedoch auch dafür eingesetzt, wichtige Funktionen der Sachbearbeiter zu übernehmen, so z.B. das Prüfen und Entscheiden der Fälle aufgrund gespeicherter Vorgaben. Die Sachbearbeiter/innen werden hiermit zu Zuarbeitern der EDV.

Computergestützte Schreibmaschinen und Textautomaten erlauben einen ungeheuren Rationalisierungsschub in der **Textverarbeitung**. Die elektronisch gesteuerten Textautomaten stellen anhand kurzer Eingabebefehle die Standardkorrespondenz aus einzelnen Textpassagen, den vorformulierten Bausteinen, zusammen. Nur individuelle Angaben müssen noch 'per Hand' eingegeben werden, der Rest wird automatisch ausgedruckt. Langfristig könnten sogar die Korrespondenz und andere Schreibarbeiten wieder den Sachbearbeitern übertragen werden, da deren Bürocomputersysteme mit entsprechenden Programmen auch zur Textbearbeitung geeignet sind. Am Ende dieser Kette stehen die Schreibkräfte, die letztlich durch diese Arbeitsumschichtung überflüssig werden könnten. Es sind überwiegend Frauen, die so ihren Arbeitsplatz verlieren und zudem auf dem Arbeitsmarkt schlechtere Chancen haben als ihre männlichen Kollegen.

Zum Weiterleiten der erstellten Texte an andere Firmen und Behörden dienen neben der Briefpost in immer größerem Maße die **Telekommunikationssysteme**. Neben dem Telefon sind der Fernschreiber (Telex) und der Fernkopierer (Telefax) seit einigen Jahren in mehr und mehr Betrieben im Einsatz. Durch das neuere Bürofernschreiben (Teletexsystem) rückt das 'papierlos Büro' ein Stückchen näher. Eine Bestellung oder Anfrage kann auf dem Textverarbeitungssystem der Firma A eingegeben und mit Hilfe von Teletex auf einem Sachbearbeiterplatz der Firma B entgegengenommen und bearbeitet werden, alles ohne ein Blatt Papier. Es gibt bereits Versuche, Textverarbeitung auf diesem Weg von Frauen in Heimarbeit erledigen zu lassen, eine Tendenz, die, sollte sie sich durchsetzen, unabsehbare Folgen hätte: ständige Arbeitsbereitschaft am Bildschirm, fehlende oder ungenügende soziale und arbeitsrechtliche Absicherung, Isolation von den übrigen Beschäftigten, Gefahr der unkontrollierten Kinderarbeit, um nur einige Stichworte zu nennen.(5) Die Leistungsüberwachung der ohne greifbare Vorgesetzte zu Hause arbeitenden Frauen bereitet den Verfechtern der elektronischen Heimarbeit scheinbar noch Kopfzerbrechen. Doch wird diskutiert, ob in diesem Zusammenhang Personal-Informationssysteme die Kontrolle gewährleisten könnten.

Wie auch immer das Büro der Zukunft im Detail aussehen mag, eines ist ganz klar: Die Arbeitsbedingungen der dort beschäftigten Menschen werden sich sehr stark verändern und sie verändern sich schon jetzt in jeder Verwaltung, in der computergestützte Systeme eingeführt werden.

Nach einer Anlaufphase und Einarbeitungszeit zeigen sich die ersten Rationalisierungeffekte. Die verbleibenden Angestellten sehen sich oft mit einer ganz neuen Arbeitssituation konfrontiert, die Arbeitsinhalte, die Entscheidungsbefugnisse schrumpfen und werden teilweise vom Computer übernommen. Neu hinzu kommt die Bedienung des Terminals, die für den Großteil der Beschäftigten keine wirkliche Weiterqualifizierung bedeutet. Ist der Einarbeitungsprozeß erst einmal abgeschlossen, verbleibt die Routine, verbunden mit allen Gesundheitsbelastungen, die auch an ergonomisch günstig gestalteten Bildschirmarbeitsplätzen nicht völlig auszuschalten sind. (6) Die Anforderungen an die Konzentration nehmen erheblich zu, Konzentration auf eine Maschine und deren Vorgaben, deren Arbeitstempo. Denn schließlich gilt es auch hier wieder, sich von der schnellsten Seite zu zeigen, sind doch die Terminals in der Lage, jeden Fehler, jede Pause, jede Verzögerung und überhaupt das Bearbeitungstempo zu registrieren. Da auch jede gewünschte Information vom Computer zu haben ist, braucht auch keine Kommunikation mehr mit Kollegen stattzufinden, bleibt so bald kein Platz mehr zum Gespräch. Schließlich will niemand der oder die nächste sein, wenn der Computer weitere Angestellte überflüssig macht. Und auch hier sind die Leistungsdaten mögliches Material für den Auswahlprozeß mit Hilfe eines Personal-Informationssystems.

Mitbestimmung und Verhinderung vor Ort - Beispiele betrieblicher Gegenwehr

Paisy und Kein Ende: Der Fall Adam Opel AG

Obwohl der 'Fall' Adam Opel AG in der öffentlichen Diskussion bisher relativ stark beachtet wurde und daher einige Aspekte der Entwicklung bei Opel einigen vielleicht bereits bekannt sind, wollen wir hier noch einmal ausführlich auf diesen 'Fall' eingehen. Die Einführung des Personal-Informationssystems PAISY bei Opel erscheint uns aus mehreren Gründen interessant. Denn: Erstens bezieht sich die Einführung des Systems nicht auf einen Betrieb allein, sondern auf alle Opel-Werke in der Bundesrepublik, also Berlin, Bochum, Kaiserslautern und Rüsselsheim. Zweitens hatten die Betriebsräte der einzelnen Werke keine einheitliche Strategie gegen PAISY, so daß schließlich Mehrheitspositionen im Gesamtbetriebsrat über die Art und Weise des Vorgehens gegen das System entschieden. Drittens kam es zu keiner Betriebsvereinbarung, sondern die Einführung von PAISY wurde mit einem Spruch der Einigungsstelle vollendet. Viertens wurde der Spruch der Einigungsstelle nicht nur angefochten, sondern bereits zweimal fristlos gekündigt. Fünftens zeigt die aktuelle Entwicklung bei der Adam Opel AG, daß die Einführung des Personal-Informationssystems PAISY erst der Anfang der Entwicklung hin zu 'japanischen Verhältnissen' in der Automobilproduktion war. Damit ist sechstens der 'Fall' Opel noch keineswegs abgeschlossen.

Im folgenden wollen wir die einzelnen Phasen der Einführung des Personal-Informationssystems PAISY bei der Adam Opel AG nachzeichnen und werden uns anschließend der Frage zuwenden, wie es jetzt nach der fristlosen Kündigung des Einigungsstellenspruchs weitergeht. Um dabei nicht nur auf Dokumente zurückgreifen zu müssen, sondern auch Einschätzungen und Stimmungsberichte von der 'Lage vor Ort' einzufangen, haben wir ein Gespräch mit Hans Reppel, Betriebsrat bei Opel Bochum, geführt. Doch wollen wir zunächst eine Chronologie der Ereignisse an den Anfang unseres Berichts stellen. (1)

Obwohl zu der Zeit noch gar nicht an PAISY zu denken war, fand der erste Schritt in Richtung Personal-Informationssystem bereits Ende der 60er Jahre statt, als die Adam Opel AG die Lohn- und Gehaltsabrechnung auf EDV umstellte. Im Mai 1979 wurden den Unternehmen als Ergebnis einer Betriebs- und DÜVO-Prüfung seitens der Versicherungsträger Auflagen gemacht, die teilweise bis Ende September 1979 bzw. Ende Dezember 1980 erfüllt sein mußten. Bereits im Oktober 1980 wird der Betriebsrat in Bochum zum erstenmal von der Abteilung Lohn-/Gehaltsabrechnung über die Einführung von PAISY und über das System informiert. Begründung für die Einführung: Die Auflagen der Sozialversicherungsträger würden ein neues Lohn- und Gehaltsabrechnungsverfahren notwendig machen. PAISY sei jedoch ganz harmlos, es gäbe zwar einen Informationsteil, aber Priorität habe eindeutig der Abrechnungsteil. Die Einführung des Systems sei für den 1. Januar 1982 vorgesehen. Als dann im Frühjahr 1981 die Betriebsräte von der Geschäftsleitung der Adam Opel AG über die Einführung von PAISY unterrichtet werden, sind schon vage Kenntnisse über das System vorhanden.

Die Geschäftsleitung hebt immer wieder die Harmlosigkeit des Systems hervor, da sie ja nur an einer Vereinfachung und Verbesserung des Abrechnungsverfahrens interessiert sei. Sie führt auch das Argument an, daß ohne die Einführung von PAISY die Lohn- und gehaltsabrechnung in Frage gestellt sei. Diese Informationen verunsichern die Belegschaft. Der Betriebsrat fordert die Geschäftsleitung zunächst einmal auf mitzuteilen, welche Daten im PAISY gespeichert werden sollen. Einige Betriebsräte in Bochum stellen dann auf einer Betriebsratssitzung den Vorschlag zur Diskussion, daß erstens der Betriebsrat die Einführung von PAISY ablehnen soll, zweitens die Belegschaft und die Vertrauensleute über die Gefährdung durch PAISY und die Ablehnung durch den Betriebsrat informiert und drittens Presse, Hörfunk und Fernsehen vom Betriebsrat über PAISY und den Kampf dagegen unterrichtet werden. Nach einer kontroversen Diskussion beschließen die Betriebsräte, eine Entscheidung über die Ablehnung von PAISY auf eine Sitzung des Gesamtbetriebsrates am 27. Februar 1981 zu vertagen. Am folgenden Tag wird die Belegschaft per Flugblatt über diese Entscheidung unterrichtet. Doch auch in der Sitzung des Gesamtbetriebsrates kommt es zu keiner Einigung, die ein einheitliches Vorgehen gegen PAISY ermöglicht hätte.

Im Gegensatz zu den Bochumern fahren die Rüsselsheimer auf der 'Kontrolle-durch-Mitbestimmung-Schiene', denn: "Würde es der Geschäftsleitung gelingen, PAISY ohne Mitbestimmung und Kontrolle einzuführen und mit anderen EDV-Systemen und neuen Technologien zu vernetzen, wäre eine entscheidende Lücke im gesamten Rationalisierungskonzept geschlossen." (2) Aus dieser Erkenntnis folgt für die Rüsselsheimer: "Wir sind aber nach Prüfung aller rechtlichen und politischen Voraussetzungen zu der Auffassung gelangt: Mit dem Beschluß 'Ablehnung' ist PAISY nicht zu verhindern." (3) Über eine Betriebsvereinbarung sollte geregelt werden: a) der Umfang der Daten; b) für welchen Zweck die Daten angewandt werden sollen: c) keine Verknüpfung der Personaldaten mit anderen Daten: d) vollen Mitbestimmung des Betriebsrats bei Einführung und Erweiterung des Systems: e) die weitestgehende Überprüfbarkeit und Kontrolle des Systems und dessen Anwendung. Dieser Weg sollte nur eingeschlagen werden, wenn er von den anderen Betriebsräten mitgetragen würde. Dies war ja nun zunächst einmal gescheitert. Der Berliner und der Kaiserslauterner Betriebsrat spielten bei der Auseinandersetzung insofern keine Rolle, als ersterer als kleinster sowieso kein großes Gewicht hat, und letzterer sich nicht mit einer eigenen Position hervortat (allerdings mehrheitlich die 'Rüsselsheimer Linie' vertrat).

Nach der ergebnislosen Sitzung des Gesamtbetriebsrats gehen die Bochumer und die Rüsselsheimer unterschiedliche Wege. Der Bochumer Betriebsrat beschließt am 18. März 1981 die Ablehnung der Einführung von PAISY, weil die Geschäftsleitung mit dem System ein perfektes Machtinstrument zur noch rationelleren Ausnutzung und Kontrolle der Belegschaft in die Hand bekommt, und die Persönlichkeitsentfaltung der Arbeitnehmer umfassend eingeschränkt wird. Zur gleichen Zeit hatte der Rüsselsheimer Betriebsrat bereits einer Vorführung der IBM-Anlage 5280 beigewohnt, auf der PAISY gefahren werden sollte.

Während also die Bochumer versuchen, über die Maximalforderung 'keine Einführung von PAISY' mit der Geschäftsleitung in Verhandlungen zu treten, halten die Rüsselsheimer eine Betriebsvereinbarung für "dringend erforderlich". Immerhin wollen sie diesen Weg nur gehen, wenn er von den anderen Betriebsräten mitgetragen wird. Folglich mußten die Bochumer überzeugt werden. Auf der Betriebsrätevollkonferenz Mitte Oktober 1981 sollte das geschehen. Doch die Bochumer legen auf der Konferenz ihre ausführliche Dokumentation zur Einführung von PAISY vor und können durch gute inhaltliche Argumentation ein "Unentschieden" (Reppel) erreichen. So kommt es zunächst wieder zu keiner Einigung. Doch bereits am 23. Oktober beschließt der Betriebsrat in Bochum mehrheitlich, von seiner bisherigen Position abzurücken und den Ablehnungsbeschluß vom März 1981 zurückzunehmen. Des weiteren wird beschlossen, sich mitsamt den anderen Opel-Betriebsräten auf eine Betriebsvereinbarung einzulassen.

Dieser plötzliche Umschwung hat laut Hans Reppel (Betriebsrat Bochum) seine Gründe:

"Das war 'ne Erpressung ... Auf der Betriebsräte-Vollkonferenz hatten sich einige vorgenommen, ein schönes 'Schlachtfest' zu machen. Aus Bochum waren noch zwei Kollegen, die mit mir voll gekämpft haben; die anderen sagten. 'Egal, wenn die Rüsselsheimer eine Vereinbarung wollen, machen wir das mit den Rüsselsheimern' Wir hatten uns wirklich gut vorbereitet, erstmals die Dokumentation an alle verteilt; und dann voll inhaltlich vorbereitet. Und das kann ich wirklich sagen, da haben einige schon mit gezinkten Karten gespielt; ... nicht so sehr auf der inhaltlichen Ebene, sondern mehr, sagen wir mal, auf der Angst-Ebene. Trotzdem kann man sagen, obwohl das zwar in Bochum war, die Rüsselsheimer von der Anzahl der Anwesenden aber immer die Mehrheit auf Betriebsräte-Versammlungen stellen, haben wir ein gutes Unentschieden erzielt. Naja, und vierzehn Tage später kommt der Kollege von der IG Metall Frankfurt nach Bochum. Und der hat dann in Bochum klipp und klar auf der Betriebsratssitzung erklärt: 'Wenn ihr in Bochum den Kurs der Ablehnung weitermachen wollt, dann ohne uns in Frankfurt.' Naja, und das war natürlich für die meisten Betriebsräte der Abflug und Ausstieg, das kann ich wirklich sagen. Das haben wir dem auch klipp und klar gesagt, 'Du erpreßt uns hier'. Man kann sich ja vorstellen, das war natürlich ein Aufatmen für einen ganzen Teil Betriebsratskollegen, weil damit PAISY in Bochum vom Tisch war. Du kannst Dir jetzt denken, was das für 'ne Arbeit für den einzelnen Betriebsrat war, wenn da eine Belegschaft ist, die völlig uninformiert über PAISY ist und dann was wissen will, und Du kommst als Betriebsrat in den Bereich, und die Kollegen fragen Dich: 'Was is denn jetzt mit PAISY' Und du kannst sagen: 'Ja, das weiß ich nicht'; 'Ja, aber ein anderer Kollege, der hat doch vorhin erzählt, da läuft das und das und das, wieso weißt Du das denn nicht, hier in Bochum wird das doch verhandelt?' So, und dann kann der aber sagen: 'Das ist jetzt beim Gesamtbetriebsrat in Rüsselsheim, weiß ich im Augenblick nix von.' Das ist ja auch einfacher für den Einzelnen, verstehste. Und dann war das erstmal die schweigende Mehrheit, die sowieso wenig mit PAISY zu tun haben wollte, die war'n ja froh, daß PAISY weg war auf der Ebene Gesamtbetriebsrat. Und die anderen, die gesagt haben, 'Au, au, au, da müssen wir 'ne Vereinbarung rausholen', die waren ja dabei und haben gesagt: 'Seht Ihr woll, entweder mit der IG Metall und wir sind ein Unternehmen und ein Opel-Betriebsrat, und dann machen wir mit Rüsselsheim zusammen, ansonsten läuft gar nichts!" Und somit war das also 'ne klare Entscheidung innerhalb der IG-Metall-Fraktion."

Mit diesem Beschluß des Bochumer Betriebsrates, sich auf eine Betriebsvereinbarung einzulassen, war der Weg für die Rüsselsheimer 'Linie' geebnet. Die weitere Verhandlungsvollmacht in Sachen PAISY liegt nun beim Gesamtbetriebsrat. Interessant ist in diesem Zusammenhang auch das Abrücken der IG Metall-Fraktion des BR von ursprünglichen Positionen, denn noch in der Wahlprogrammatik der Gewerkschaft für die Betriebsratswahlen im gleichen Jahr hatte es unter Punkt drei der Schwerpunkte der Betriebsratsarbeit 1981-1984 geheißen: "keine Personaldateninformationssysteme einführen". (5) Und noch im November 1980 hatte ein Kollege von der IGM-Verwaltungsstelle Bochum auf einer Betriebsversammlung der Belegschaft erklärt: "Die Mitbestimmung reicht tatsächlich nicht aus, um Mißbrauch zu verhindern."(6) Der Sinneswandel in der Gewerkschaft ist nach Ansicht von Hans Reppel darauf zurückzuführen, daß sich auch die IG-Metaller Mehrheiten beugen; denn die Rüsselsheimer haben in der Gewerkschaft eine stärkere Position, da sie mehr Beschäftigte vertreten als die Bochumer. So sieht denn auch die IG Metall in einer Betriebsvereinbarung den 'sichersten und schnellsten Weg', die Auseinandersetzung um PAISY zu beenden.

Noch bevor der Gesamtbetriebsrat einen Betriebsvereinbarungsentwurf vorlegen kann, liegt am 1. Dezember 1981 ein entsprechender Entwurf der Geschäftsleitung auf dem Tisch. Darin heißt es unter anderem in Punkt 2: "Mit PAISY werden personenbezogene Daten aller Mitarbeiter der Adam Opel AG sowie aller Opel-Rentner und der Hinterbliebenen ehemaliger Opel-Mitarbeiter, die Leistungen aus der Adam Opel Gedächtnisstiftung erhalten verarbeitet." Und unter Punkt 3 heißt es in Satz zwei: "Die Aufnahme neuer Daten sowie die Verknüpfung mit anderen Systemen im Unternehmen erfolgt nur unter der Wahrung der gesetzlich bestehenden Mitbestimmungsrechte des Gesamtbetriebsrates bzw. der Betriebsräte". (7)Damit gibt die Geschäftsleitung indirekt zu, daß ein weiterer Ausbau des Systems geplant ist, Verknüpfungen mit anderen Systemen werden auch nicht ausgeschlossen. Die Geschäftsleitung scheint sich ihrer Sache sicher zu sein, denn alles soll im Rahmen der "gesetzlich bestehenden Mitbestimmungsrechte" geschehen, die das Vorhaben anscheinend nicht beeinträchtigen. Doch das ist längst noch nicht alles, denn in Punkt 5 heißt es: "Die Auswertung der unter Ziffer 3 festgelegten Daten erfolgt nicht zum Zwecke der unmittelbaren Leistungsvorgabe und der unmittelbaren Leistungs- und Verhaltenskontrolle der Mitarbeiter.

Statistische Auswertungen zum Zwecke der Personalplanung werden davon nicht berührt." Mit dieser Formulierung legt die Geschäftsleitung ihre Karten auf den Tisch. Leistungsvorgabe, Leistungs- und Verhaltenskontrolle sollen nicht direkt erfolgen (unmittelbar), sondern eben indirekt (mittelbar), z.B. über die statistischen Auswertungen für die Personalplanung. Damit auch ja kein Mißtrauen aufkommen kann, wird dem Gesamtbetriebsrat unter Punkt 9 "auf Verlangen jederzeit Einsicht in Ablauf und Funktionsweise des Systems gewährt". Sollte sich der Gesamtbetriebsrat auf diesen Entwurf einlassen, hätten die Opel-Manager nichts zu befürchten, denn schon im 'Normalbetrieb' des PAISY wäre ihnen fast alles gestattet, denn wen interessieren schon Ablauf und Funktionsweise, wenn es doch eigentlich auf die Anwendung und Auswertung der gewonnenen Daten ankommt.

Am folgenden Tag legt der Gesamtbetriebsrat einen eigenen Entwurf vor. Zum Problem der Leistungs- und Verhaltenskontrolle heißt es unter Punkt vier: "Das PAISY-System dient insbesondere nicht zur Leistungs- und Verhaltenskontrolle der Beschäftigten. Die erfaßten Daten dürfen insbesondere nicht zur Überprüfung und Eingruppierung für Akkordvorgaben, Leistungszulagen oder für ein Zeiterfassungs-bzw. Projektverfolgungssystem verwandt werden. Weiterhin ist ausgeschlossen, daß sie als Richtzeiten, Sollzeiten, Standardzeiten oder vergleichbare Zeiten dienen. Sogenannte Fehlzeitauswertungen und daraus entstehende personelle Maßnahmen (z.B. Abmahnungen usw.) werden nicht vorgenommen." (8) Mit dieser Regelung soll von seiten des Betriebsrates die Leistungs- und Verhaltenskontrolle ausgeschlossen bleiben, doch ist durch eine derartige Regelung nicht sichergestellt, daß die entsprechenden Auswertungen nicht indirekt über die Statistik gemacht werden. Die Verknüpfung von PAISY-Daten mit denen aus anderen Systemen wird im Betriebsrat-Entwurf nicht ausgeschlossen, sondern soll der Kontrolle unterliegen. Unter Punkt sechs des Entwurfes heißt es dazu: "Eine Verknüpfung des Systems PAISY mit anderen Systemen findet grundsätzlich nicht statt, es sei denn, daß hierüber mit dem Gesamtbetriebsrat eine gesonderte Vereinbarung getroffen wird. Die im Datenkatalog ... aufgeführten Daten werden in keinem anderen EDV-System gespeichert und verarbeitet." Darin wird die Verhandlungsstrategie sehr deutlich: Der weitestgehende Schutz vor Mißbrauch und Ausweitung des Systems wird in einer möglichst weitgehenden Kontrolle der Handhabung des Systems durch den Betriebsrat gesehen. Stillschweigend geht dieser dabei davon aus, daß die Geschäftsleitung beabsichtigt, das System PAISY auszubauen und mit anderen betrieblichen Informationssystemen zu verknüpfen. Diese Position des Gesamtbetriebsrates wird von der Zeitschrift 'Revier' treffend als 'Olympisches Motto: Dabei sein ist alles' bezeichnet. Es geht eben nicht um eine Verhinderung der Einführung von PAISY, sondern nur mehr darum klarzumachen, daß auch bei der Einführung eines Personalinformationssystems die Mitbestimmungsrechte des Gesamtbetriebsrates zu wahren sind und nicht unterlaufen werden dürfen.

Obwohl die beiden Entwürfe sich ähneln, kommt es doch zu keinem Abschluß einer Betriebsvereinbarung zwischen der Geschäftsleitung von Opel und dem Gesamtbetriebsrat. So wird noch im Dezember 1981 die Einigungsstelle eingesetzt. Die Tatsache, daß die Geschäftsleitung nicht auf den Betriebsvereinbarungsentwurf des Gesamtbetriebsrates eingegangen ist zeigt, daß sie wohl doch mehr mit der Einführung von PAISY verbindet, als sie bisher öffentlich zugegeben hat. Im Verlauf des Einigungsstellenverfahrens wird dies dann auch deutlich. Bereits in der Begründung der Geschäftsleitung zur Einführung von PAISY gegenüber der Einigungsstelle (in der ersten Sitzung am 11. Januar 1982) ist erkennbar, daß das System nicht nur zu Zwecken der Lohn-und Gehaltsabrechnung verwendet werden soll. PAISY soll eben auch einen Informationsteil einschließen und auch Aufgaben der Zeiterfassung übernehmen. Gleichzeitig muß die Geschäftsleitung gegenüber der Einigungsstelle die Zusage geben, bis zum Spruch der Stelle und dem Abschluß einer Betriebsvereinbarung PAISY nur zur Lohn- und Gehaltsabrechnung zu verwenden. Während in einem Flugblatt der Vertrauenskörperleitung diese Zusage als erster Erfolg gefeiert wird, ist eigentlich bereits jetzt klar, daß die Einigungsstelle davon ausgeht, daß PAISY auch zu anderen Zwecken benutzt werden darf. Nur wurde zunächst einmal für die Dauer der Verhandlung eine Art Waffenstillstandsabkommen getroffen, das zudem nur bis Ende April befristet ist. In den ersten drei Sitzungen der Einigungsstelle kommt es zu keiner Annäherung der Standpunkte. Vor der vierten Sitzung, die am 16. März 1982 stattfinden soll, veröffentlicht die Geschäftsleitung per Anschlag den beabsichtigten Datenkatalog einschließlich der von ihr zu der Zeit beabsichtigten Verwendungszwecke, die folgende Punkte umfassen: a) Zeiterfassung, b) Personalverwaltung, c) Lohn und Gehalt, d) soziale Angelegenheiten, e) Personalplanung und Statistiken. Trotz dieser bereits über die ursprüngliche Ankündigung weit hinausgehenden Planungen, die noch schlimmeres befürchten lassen, bleiben der Betriebsrat und der Vertrauenskörper bei ihren Forderungen: "Ohne

Mitbestimmungsrechte des Betriebsrates bei der Datenspeicherung, den Programmläufen und bei Erweiterungen und ohne **Kontrollrechte** läuft mit PAISY nichts!" (9)

Mit allen nur erdenklichen Mitteln versucht die Geschäftsleitung die Arbeitnehmervertreter auf ihre Seite zu bringen. Während der Tarifverhandlungen im März 1982 erklärt sie sich bereit, die Löhne und Gehälter bei Opel effektiv zu erhöhen, wenn der Betriebsrat bereit ist, eine Gegenforderung zu akzeptieren und zuzustimmen: der personenbezogenen und elektronischen Erfassung und Verfolgung aller Kranken. Mit Hilfe von PAISY sollen also sogenannte Krankenläufe gemacht werden. Dies stößt allerdings auf erbitterten Widerstand des Betriebsrates und des Vertrauensleutekörpers, die jetzt bereits eine einstweilige Verfügung gegen die Verwendung von PAISY zu anderen als zu Lohn- und Gehaltszwecken in Erwägung ziehen, zumal das Stillhalteabkommen bald abläuft: "Sollte die Geschäftsleitung nach dem 30. April 1982 und vor dem Spruch der Einigungsstelle PAISY zu anderen Zwecken als für die der Abrechnung einsetzen wollen, wird der Gesamtbetriebsrat beim Arbeitsgericht sofort mit einer einstweiligen Verfügung diese Verwendung bis zum Spruch der Einigungsstelle verbieten lassen." (10)

Doch auch auf der sechsten Sitzung der Einigungsstelle am 10. Mai 1982 bleibt die Geschäftsleitung bei ihrer Forderung nach personenbezogener Erfassung von Kranken mit PAISY. Nun macht der Betriebsrat mobil und initiiert eine Unterschriftensammlung vor der nächsten Einigungsstellensitzung am 2. Juni 1982. 25.000 Belegschaftsmitglieder unterschreiben folgenden Text: "Wir fordern, daß PAISY nicht unkontrolliert eingesetzt wird. PAISY darf aus uns keine gläsernen Menschen machen. Durch meine Unterschrift unterstütze ich die Haltung des Betriebsrates und unserer Beisitzer in der PAISY-Einigungsstelle." Auf der Sitzung am 2. Juni 1982 läßt die Geschäftsleitung die Katze aus dem Sack: Es sollen nicht mehr nur die bereits im März angeschlagenen und veröffentlichten 193 Daten gespeichert werden, sondern eine nicht genau zu beziffernde Zahl soll ebenfalls in das System aufgenommen werden. Im Klartext heißt das wohl, daß alle personenbezogenen Daten gespeichert und mit PAISY verarbeitet werden sollen. nach langer Verhandlung hat es zwar den Anschein, als ob die Erweiterung des Datenkatalogs abgewehrt werden könne. "Dennoch steht nach wie vor die Problematik der Mitbestimmung, der Kontrolle und der personenbezogenen Krankenverfolgung im Mittelpunkt der kontroversen Auseinandersetzungen." (11) Erneut wird eine Entscheidung vertagt.

Auf der neunten Sitzung der Einigungsstelle am 17. Juni 1982 unternimmt die Geschäftsleitung einen neuerlichen Vorstoß. Sie gibt bekannt, daß zu den 193 bereits veröffentlichten Daten noch weitere ca. 10.000 Daten hinzukommen sollen. Außerdem sei geplant, alle personenbezogenen Daten frei mit allen Arbeitsplatzdaten zu verknüpfen. Aufgrund dieser neuerlichen Erweiterungspläne erklärt der Vorsitzende der Einigungsstelle: "Ich überblicke nicht mehr, was gewollt ist". Die Arbeitnehmervertreter ziehen sich zur Beratung zurück und stellen anschließend den Antrag, den sie als "einzig richtigen" bezeichnen: "PAISY ist zu verbieten!", allerdings mit dem Zusatz: "mit Ausnahme der Lohn- und Gehaltsabrechnung." Damit haben sich die Arbeitnehmervertreter nach neun Einigungsstellensitzungen zu einem Antrag durchgerungen, der den Forderungen der Bochumer Betriebsräte nach Ablehnung der Einführung von PAISY entspricht. Bereits ein Jahr früher hatten bei einer Unterschriftenaktion in Bochum etwa 6.000 Kollegen folgenden Text unterschrieben: "Ich erteile der Adam Opel AG die Zustimmung gem. § 23 des Bundesdatenschutzgesetzes **ausdrücklich nicht** und bin mit der Speicherung meiner Daten, die über den unmittelbaren Zweck der Lohn-/Gehaltsabrechnung, der Sozialversicherungsbeiträge und der Abrechnung der Lohn- und Kirchensteuer hinausgehen, **nicht einverstanden**. Im übrigen erwarte ich eine Auskunft darüber, welche personenbezogenen Daten über mich bisher in Datenverarbeitungssystemen gespeichert und verarbeitet werden."[12] Doch der Antrag der Arbeitnehmervertreter auf Verbot von PAISY wird abgelehnt und die Sitzung der Einigungsstelle mal wieder vertagt.

Nach der Sitzung vom 7. und 8. Juli 1982 verkündet der Vorsitzende dann den Spruch der Einigungsstelle im "Regelungsstreit über die Einführung des Personal-Abrechnungs- und Informationssystems PAISY im gesamten Unternehmensbereich der Adam Opel AG". Unter Punkt I. Zweckbestimmung heißt es dort: "Mit PAISY werden im Rahmen der nachstehenden Bestimmungen Daten aller Mitarbeiter, Bewerber und ehemaliger Mitarbeiter der Adam Opel AG sowie aller Rentner und Anwartschaftsberechtigten und der Hinterbliebenen ehemaliger Opel-Mitarbeiter ... für Zwecke der Fachabteilungen 'Finanz' (Lohn-und Gehaltsabrechnung) und 'Personal' verarbeitet. Für sogenannte Profilabgleiche und bei sogenannten Auftragsverfolgungsverfahren wird PAISY nicht eingesetzt." (13) Damit wird der Geschäftsleitung vorgeschrieben, z.B. keine Zuteilung einzelner Arbeitnehmer zu bestimmten Arbeitsplätzen per Profilabgleich vorzunehmen. Darüber hinaus wird im Spruch festgehalten, daß die erhobenen

Daten nur zu den im Datenkatalog genannten Zwecken verarbeitet werden dürfen. Und: "Eine Verknüpfung von mit PAISY zu verarbeitenden Daten mit solchen, die auf anderen Datenbanken oder Dateien des Unternehmens gespeichert sind, findet nicht statt." Das schließt natürlich nicht aus, daß mit anderen im Betrieb vorhandenen Informationssystemen auch personenbezogene Daten erhoben werden können, die z.B. nicht im PAISY-Datenkatalog aufgeführt sind. Die bisherigen Daten der Zeiterfassung sollen in PAISY eingegeben werden.

Der Spruch erfüllt weitgehend die Forderungen nach Mitbestimmung und Kontrolle, solange sie auf in dieser Regelung vorgesehene konkrete Datenläufe beschränkt sind. Geregelt ist aber auch, daß "anonyme Datenläufe" ohne vorherige Information des GBR (Gesamtbetriebsrat) oder des zuständigen Betriebsrates erfolgen können. Ein Mißbrauch ist damit nicht generell ausgeschlossen. Daher kann auch generell auf PAISY bezogen nicht davon die Rede sein, daß die Forderungen der Arbeitnehmer nach Mitbestimmung und Kontrolle weitestgehend erfüllt sind. Auch wenn es im Spruch heißt: "Die Geschäftsleitung stellt gemeinsam mit dem Datenschutzbeauftragten sicher, daß eine mißbräuchliche Datenverarbeitung mit PAISY nach menschlichem Ermessen ausgeschlossen ist." Hier ist sicherlich nicht das menschliche Ermessen des Betriebsrates gemeint.

Abgesehen von den bisher angesprochenen Problemen bezüglich der Punkte Mitbestimmung und Kontrolle liegt der eindeutig negative Aspekt des Spruchs in der Festschreibung der Möglichkeit, mit PAISY Jagd auf Kranke zu machen. Im Einigungsstellenspruch heißt es dazu: "In der Personalabteilung können anonyme Statistiken über Abwesenheit (Krankheit und unentschuldigtes Fehlen) ohne Zugriff auf Namen oder Stammnummer, bezogen auf ein- bis vierstellige Ordnungsbegriffe (Werksbereich, Kostenstelle, Kostenkontrollstelle und Abteilung mit wenigstens 5 Arbeitnehmern), gefertigt werden." Die Daten für diese anonyme Abwesenheitsstatistik setzen sich zusammen aus a) Abteilung, b) Anzahl der Mitarbeiter, c) Durchschnittsalter, d) durchschnittliche Betriebszugehörigkeit, e) Aufteilung nach Geschlecht, f) Aufteilung nach Nationalität sowie g) Prozentsatz der Schwerbeschädigten, Prozentsatz der Kranken, der unentschuldigt Abwesenden, aus anderen Gründen abwesend bezogen auf Jahr, Monat oder Werktag. Darüber hinaus dürfen länger erkankte Mitarbeiter erfaßt werden, "wenn deren Fehlquote 66,67% der durchschnittlichen, jeweils nach Angestellten und Arbeitern getrennt ermittelten Fehlquote der jeweiligen Kostenstelle überschreitet." (14) Außerdem kam jeder, der in den letzten zwölf Monaten mehr als dreimal unentschuldigt gefehlt hat oder viermal krank war oder aber fünfmal kombinierte Fehlzeiten aufzuweisen hat, jederzeit namentlich erfaßt werden.

Hierin sieht die Arbeitnehmerseite den entscheidenden Schwachpunkt des Einigungsstellenbeschlusses: "Hier ... muß (man, d.V.) zu Recht von einer willkürlichen, weil gleichheitswidrigen, unzumutbaren, weil maschinell anonymen und datenschutzrechtlich rechtswidrigen, weil nicht konkret zu rechtfertigenden Erstellung von Listen über kranke Arbeitnehmer sprechen..." (15) Dieser Aspekt des Spruchs wird von den Arbeitnehmern als Ergebnis der Kompromißlinie des Vorsitzenden gewertet, nach dem Motto: Mitbestimmung ja, aber dem Unternehmen den Zugriff auf Kranke eröffnen. Da sich die Arbeitnehmer mit dieser Regelung um keinen Preis zufrieden geben wollen, wird beschlossen, den Spruch der Einigungsstelle gerichtlich anzugreifen, der jedoch zum 1. August 1982 zunächst einmal in Kraft tritt. Man will sogar "wenn nötig, bis zum Bundesarbeitsgericht" gehen. Diese Möglichkeit steht der Arbeitnehmerseite nach dem Betriebsverfassungsgesetz auch zu. Bis zu einer gerichtlichen Entscheidung durch mehrere Instanzen würden jedoch Jahre vergehen. Aufgrund konkreter Mißbrauchsfälle, die kurz danach bekannt wurden, ist der Einigungsstellenspruch mittlerweile bereits zweimal fristlos gekündigt worden.

Dazu Hans Reppel: "Das sind ja dreierlei Ebenen. Die erste Ebene war ja sofort, als der Einigungsstellenspruch gefällt worden ist, hat unsere Seite gesagt, da gibt's ja die Möglichkeit nach dem Betriebsverfassungsgesetz, den Spruch der Einigungsstelle in Frage zu stellen und zu klagen. Das war der erste Punkt. Und danach kommt ja die erste Schmutzigkeit nur vier Monate später, die Läufe, die in Rüsselsheim gemacht worden sind, Profilabgleiche. Und in der Einigungsstelle: ich kann wirklich sagen, aus meiner Sicht, und das ist nicht nur meine Sicht, sondern die Sicht von vielen Kollegen und auch von Experten, ist der Einigungsstellenspruch zu neunzig Prozent gegen uns, gegen uns Arbeitnehmer; und das einzige, was da positiv ist: keine Profilabgleiche. Profilabgleiche heißt ja, daß ich die Kollegen gegeneinander laufen laß. Und da haben die ja ungefähr vier Monate später Profilabgleiche gemacht, mit ca. 500 Leuten. Und daraufhin ist das ja fristlos gekündigt worden. Und dann, so wann war das? So im April, März dieses Jahres (1983) haben sie ja die Krankenläufe gemacht, auch diese Sauerei, die sie ja nicht machen durften, wo nochmal fristlos gekündigt worden ist."

Es sollte hinzugefügt werden, daß die durchgeführten Krankenläufe über das im Spruch geregelte Maß hinaus gemacht wurden. Auf einer Pressekonferenz des Gesamtbetriebsrates am 14. Juni 1983 wurde mitgeteilt, daß mit PAISY die Überprüfung von Krankheitstagen für 2.500 Beschäftigte vorgenommen worden ist. Die Anfechtung des Einigungsstellenspruchs von Arbeitnehmerseite war inzwischen vom Arbeitsgericht Darmstadt in der ersten Instanz abgewiesen worden. Der Gesamtbetriebsrat hatte dagegen dann Beschwerde beim Landesarbeitsgericht in Frankfurt eingelegt. In dieser zweiten Instanz wurde der Arbeitnehmerseite insofern recht gegeben, als die Regelung über Krankenläufe relativiert wurde, und das Landesarbeitsgericht entschied, daß Krankenläufe in der im Einigungsstellenspruch festgelegten Form nicht zulässig sind. (16) Unterdessen läuft PAISY jedoch munter weiter.

Die Auseinandersetzungen um die Einführung des Personal-Informationssystems PAISY bei der Adam Opel AG haben gezeigt, daß mit Mitbestimmung und Kontrolle durch den Betriebsrat bestimmte Dinge wie Krankenläufe und Profilabgleiche nicht zu verhindern sind. Denn es ist immer auch eine Frage, ob die bestehenden Vereinbarungen eingehalten werden. Um dies aber feststellen zu können, muß die Arbeit mit PAISY ständig überwacht werden. Der Betriebsrat ist damit jedoch überfordert. Zudem bestehen bei Nichteinhaltung der Vereinbarungen auch keine konkreten Sanktionierungsmöglichkeiten.

Auch mit dieser vorerst letzten Entscheidung des Landesarbeitsgerichtes Anfang September 1983 sind die Auseinandersetzungen um PAISY sicher noch nicht beendet, denn das einmal eingeführte PAISY wird auch weiterhin zur Anwendung kommen, zum Nutzen und im Interesse der Unternehmensleitung. Hans Reppel sieht das folgendermaßen: "Und während die (die Geschäftsleitung, d.V.) also schon mit ganz anderen Systemen machen, und sagen, 'och PAISY, das ist für uns so gut wie eingeführt, das läuft. Da haben wir mal Pech gehabt, wenn da einer mal was Krummes macht'. So argumentiert ja Opel: 'Au, der da nach vier Wochen die Profilabgleiche gemacht hat, das durfte der ja gar nicht!' Dann kam der Zeigefinger, ne! Und kann'st Dir vorstellen, als der Betriebsrat draußen war, haben sie dann gesagt, 'Junge, laß Dich nicht noch mal erwischen. Jetzt halt Dich mal vier Wochen oder drei Monate zurück, und dann mal weiter so!!' Das ist doch logisch, weißte. Die führen das doch ein, wenn die einmal vom Grundsatz her wissen, was mit so'nem System gemacht wird. Ein Unternehmer führt dat doch nicht ein, um da Däumchen mit zu drehen oder sowas. Der will doch dann ganz konkret alles rausholen aus dem System."

Während Opel das System PAISY also bereits benutzt, konnten die Arbeitnehmervertreter bisher noch keine endgültige Regelung über Mitbestimmung und Kontrolle durchsetzen. Die Probleme des Gesamtbetriebsrates und der Betriebsräte der einzelnen Opel-Werke bei der Einführung von PAISY basieren einerseits auf der Schwierigkeit, gemeinsame Strategien zu entwickeln, wenn gleichzeitig in den einzelnen Werken unterschiedliche Probleme anderer Art bestehen. Andererseits ist es so, daß mit der Auseinandersetzung um Personal-Informationssysteme und Neue Technologien Neuland betreten wird. Die Betriebsräte müssen sich in dieses Gebiet erst noch einarbeiten. Hans Reppel schildert, wie es bei Opel war:

"Die Rüsselsheimer hatten damals, als wir bei PAISY eingestiegen sind, den Ärger mit dem Motorbau. Da wurde ja der Motorbau von Rüsselsheim nach Kaiserslautern verlagert. Es ging um 2.500 Arbeitsplätze. Und das is ja ganz verständlich, daß man sich dann um die Probleme mehr kümmert als um PAISY. Und wir sind natürlich sofort voll eingestiegen bei PAISY, als wir die ersten Informationen kriegten.... Jetzt sind das für uns ja auch Fremdworte gewesen, z.B. 'Koaxialkabel'. Ich habe ja mal Werkzeugmacher gelernt, also einen technischen Beruf, aber 'Disketten' und 'IBM 5280', usw, das sind doch alles Fremdworte gewesen Dann sitzt du da in einer Sitzung mit Leuten, die seit zwanzig Jahren mit diesen Sachen umgehen. Und du haust politisch da rein, und die erzählen dir was in ihrem Fachchinesisch. Da mußte dann anfangs erst mal mitschreiben, damit du abends dann einen Fachmann anrufen kannst und fragen: 'Hier erklär mir das doch mal'. Du mußt das ja auch logisch und fachlich packen. Da nützt es ja gar nichts, wenn du das nur politisch ablehnst, denn so nach vier Wochen isolieren sie dich dann damit. Also muß man da zumindest wissen, was steckt hinter dem ganzen System, wie funktioniert das, was ist Hardware, Software und der ganze Kram, wie wird das verkauft, wie läuft das usw. Du mußt dann praktisch so nebenher noch einen Lehrgang machen, damit du überhaupt weißt, was steckt insgesamt dahinter."

Und PAISY ist noch längst nicht alles, denn die Geschäftsleitung plant bereits den Einsatz weiterer Informationssysteme wie Betriebsdatenerfassung und Produktionsinformationssystem, wie Hans Reppel erklärt: "Betriebsdatenerfassung, das ist jetzt der nächste Schritt; und danach ein Produktionsinformationssystem, das ist bei Opel aber mehr ein Ablaufsystem... Das ist also mehr oder weniger ein Produktionsberwachungssystem, wobei natürlich auch bei der Überwachung personenbezogene und -beziehbare Daten anfallen können, die also jederzeit dann verknüpfbar sind mit Betriebsdatenerfassung und oder PAISY."

Die Rationalisierungswelle mit Neuen Technologien läuft also bei Opel auf vollen Touren. Bis 1988 sollen etwa 20 Prozent der Arbeitsplätze abgebaut werden, d.h. von den rund 60.000 Beschäftigten der Adam Opel AG werden nur noch 48.000 übrigbleiben. Die Geschäftsleitung betont dabei zwar immer wieder, daß niemand durch den Einsatz neuer Technologien arbeitslos werden solle, sondern der Abbau der Arbeitsplätze solle über die 'natürliche Fluktuation' erfolgen, d.h. freiwerdende Stellen werden nicht wieder besetzt.(17) Der Betriebsrat wertet die Pläne nicht als Einzelfall, sondern vor dem Hintergrund wachsender Automatisierung kann der Arbeitsplatzabbau als symptomatisch für die gesamte Automobilbranche angesehen werden. So hatte auch schon die Prognos AG einen Personalabbau in der Automobilindustrie angekündigt (25 Prozent bis 1995). Während Hans Janßen von der IG Metall in den Opel-Plänen den "drastischen Beweis für die beschäftigungspolitischen Auswirkungen des Einsatzes von Robotern und Mikroprozessoren" sieht (18), erklärt der Opel Vorstandsvorsitzende Bleicher: "Nicht die Einführung moderner Fertigungstechnik führt zu Beschäftigungseinbußen. Zu derlei Einbußen führt der Verlust von Wettbewerbsfähigkeit aufgrund unterlassener Produktentwicklung und Modernisierung der Betriebe." (19) Doch gerade die zur Aufrechterhaltung der Wettbewerbsfähigkeit anvisierte Modernisierung der Betriebe wird zu wachsender Computerisierung in den Betrieben führen, wiel damit Arbeitsabläufe enorm beschleunigt werden können und gleichzeitig weitere Arbeitsplätze eingespart werden können. Bei Opel sind die Stichworte hierfür "Team-Konzept", verstärkter Robotereinsatz, "Produktionsinformationssystem", "Qualitätskreise", "Soziotechnisches System (STS)" und "Betriebsdatenerfassungs- und Einrichtungsüberwachungssystem (BEES)". In einem Flugblatt bei Opel Bochum vom 28. September 1983 wird dazu zwar noch gefordert: "Das Betriebsdatenerfassungssystem BEES muß abgelehnt werden, weil es eine perfekte Leistungskontrolle darstellt. Teile des Produktionsinformationssystems PIS sind abzulehnen. Jeder Datenverbund bzw. jede Verknüpfung von BEES, PIS und PAISY ist abzulehnen! PAISY muß wieder abgeschafft werden, weil die Opel-Geschäftsleitung bewiesen hat, daß sie sich an keinerlei Vereinbarungen halten will. Nur mit dieser Grundsatzposition und der Bereitschaft, für sie in den Clinch zu gehen, werden wir die Einführung von neuen Technologien in unserem Sinne kontrollieren können." (20) Doch die Strategie des Unternehmens, die neuen Technologien an allen Ecken und Enden gleichzeitig einzuführen, sowie die wachsende Angst der Kollegen vor Arbeitslosigkeit machen die Arbeit des Betriebsrates schwer, auch wenn in Bochum mehr als die Hälfte der Betriebsräte gegen neue Technologien ist. Irgendwie ist zur Zeit, so meint Hans Reppel, "die Luft raus", auch um weiterhin gegen PAISY vorzugehen:

"Im Augenblick ist bei PAISY so'n bißchen die Luft raus. Dazu muß man aber wissen, was sich in Bochum so alles verändert. Die bauen riesig um und bauen eine Menge Roboter im Rohbau ein. Dann wird die Fertigmontage umgebaut und ein Teil der Lackiererei. Und das geht natürlich noch mehr an die Substanz... Es ist zum Beispiel 'ne traurige Sache, daß die Kollegen das sehen, und da ist praktisch schon 'ne ganze Halle geräumt, wo bis zu den Werksferien hin noch produziert wurde, und nach den Ferien ist die Arbeit und sind die alten Maschinen weg. Und daß dann viele Kollegen noch nicht mal hellwach werden, wo es doch noch greifbarer als bei PAISY ist... Denn jeder weiß: 'Roboter fressen Arbeitsplätze'. Wobei man natürlich nicht verkennen darf, daß die Arbeitslosigkeit hier im Ruhrgebiet ziemlich hoch ist, jeder kennt praktisch jemanden, der arbeitslos ist. In der Stahlindustrie sieht's mau aus, im Bergbau sieht's mau aus; und jetzt mußt Du Dir vorstellen, was geht in dem einzelnen vor? Und da ist irgendwo 'ne Angst, der einzelne hat also irgendwo Muffe... Und dazu kommt diese andere, ganz neue Technologie hinzu, zum Beispiel Betriebsdatenerfassung, das Produktionsablaufsystem und weitere EDV-Systeme. Alles, was insgesamt zu einem System ausgebaut werden soll. Und dann bist du auf den allgemeinen Feldern dabei, und da kannst du nur immer wieder die Verknüpfungsarbeit mit PAISY erklären. Nur du kannst dich jetzt im Augenblick nicht weiter konkret auf PAISY stürzen, weil wieder soviel Aktuelles da ist, was genau so Sauereien wie PAISY beinhaltet. Danach fangen sie an der anderen Ecke an und wollen Qualitätszirkel und Teamkonzept einführen, und an der nächsten Ecke testen sie schon wieder die neuen Bildschirmgeräte, um das europaweite Verkaufssystem einzuführen.... Und man kann das ja auch nicht losgelöst sehen, das eine von dem anderen. Es ist eine Einheit, die Roboter und die neuen Informationstechnologien. Der Endplan ist, so 'ne flexible Truppe zu bilden, und 'ne flexible Truppe zu kriegen, die bei Opel hin- und hergeschoben wird. Das alles wird computermäßig erfaßt, um zum Beispiel dahin zu kommen: 'Gut, wir müssen da morgen noch drei Mann zur Endmontage hinhaben und fünf Mann vom Rohbau dahin, und da sind noch fünf Mann, die Hinterachsen schweißen können, die können wir da noch einsetzen, und die nächsten können noch lackieren.' Zu flexiblen Arbeitsmethoden benötigen die Unternehmer schließlich flexible Mannschaften. Und dazu gehört noch die Betriebsdatenerfassung. Das mußt du natürlich auch im Zusammenhang sehen. Die Frage ist jetzt, wo stürzt du dich im Augenblick drauf, was betrachtest du als Juckelpunkt, und wo brennt es am schlimmsten. Meines Erachtens müßte PAISY auch weiterhin mit viel Entschlossenheit verfolgt werden, nur es würde eine Menge Zeit und Kraft kosten, die wiederum der Unternehmer ausnutzen würde, um hinter unserem Rücken oder an uns vorbei Betriebsdatenerfassung, andere EDV-Systeme oder neue Technologien einzuführen. Bei dem derzeitigen technischen Wandel, gerade in der Automobilindustrie, hat man als einzelner Betriebsrat und als Betriebsrat-Gremium oft das Gefühl, man kämpft mit Fliegenklatschen gegen einen Waldbrand."

Das Untier ist hin ... aber ein paar Arme regen sich noch - Personalverwaltungssystem PVS II für die Universität Bielefeld (21)

"Wir haben gesiegt. Das Personalinformationssystem HIS PVS II ist tot. Wenigstens bei uns." (22) Als das Flugblatt des ÖTV-Vertrauensleutekörpers an der Universität Bielefeld kurz vor Weihnachten 1982 den Erfolg von mehr als einem Jahr Widerstand gegen die geplante Einführung eines PIS melden konnte, wunderte sich auch ein Vertreter der Herstellerfirma: So grundsätzliche Einwände wie in Bielefeld habe es in keiner anderen Hochschule gegeben, an der das System eingeführt wurde. Und erstaunlich und ermutigend war dieser Erfolg auch für andere Gewerkschaften und Betriebsgruppen, in denen PIS-Einführungen bevorstehen; bis zur Erfolgsmeldung aus Bielefeld war nämlich in der Diskussion um mögliche Widerstandsformen die Möglichkeit zum totalen 'Nein' im Dickicht der schwierigen Materie 'Betriebsvereinbarungen' immer mehr in der Versenkung verschwunden. Wie haben die Bielefelder Kolleginnen und Kollegen das geschafft?

Im Juli 1981 tauchen die ersten Vermutungen auf, daß da irgendwas zur Personal- und Stellenverwaltung geplant ist. Der Hinweis kommt aus dem Kollegenkreis, bezeichnenderweise nicht von der Dienststellenleitung (DL). Kurz darauf werden die beiden Personalvertretungen (die der nichtwissenschaftlichen und die der wissenschaftlichen Mitarbeiter) zu einer Vorführung eingeladen. Vertreter der Hochschul-Informationssysteme (HIS)-GmbH stellen ihr Personal- und Stellenverwaltungssystem HIS PVS II vor. Auch der Kanzler ist bei dieser Werbeshow dabei. "In bestem Expertenchinesisch wird das System in eineinhalb Stunden mit Dutzenden von Schaubildern per Tageslichtprojektor 'erläutert'. Betont wird dabei, mit dem System ließen sich in Zukunft Telefonregister und Wählerverzeichnisse sehr viel schneller erstellen. Auf Fragen von Personalräten nach den sonstigen Absichten versichert der Personaldezernent treuherzig, das wisse man noch nicht so genau." (23)

Der Herbst bringt von seiten der DL keine neuen Informationen. Dafür machen sich Vertrauensleute und Personalräte sachkundig, wälzen Literatur zu dem Thema Personalinformationssysteme und erkundigen sich nach den Erfahrungen anderer Hochschulen, wo das System oder sein Vorläufer HIS PVS I eingeführt oder in Planung ist. Elisabeth Bähr, Vertrauensfrau und Personalrätin (im Personalrat der Nichtwissenschaftler) schildert die Überlegungen zu dieser Zeit: "Bis Ende des Jahres haben wir alle erreichbare Literatur zum Thema gelesen. Wir sind aufgrund dieser Information zu dem Schluß gekommen, daß das PVS II hier nicht eingeführt werden darf. Das war klar von Anfang an. Im Laufe der Lektüre fiel uns auf, daß es mit einer Dienstvereinbarung wohl nicht getan sein würde. Es gibt Beispiele, wo Betriebsräte Betriebsvereinbarungen abgeschlossen haben über Personalinformationssysteme und kurze Zeit später feststellen mußten, daß nicht nur das eingeführt wurde, was in der Vereinbarung stand, sondern viel mehr; die Betriebsräte mußten also feststellen, daß sie gelinkt worden waren. Das war für uns der eine Anhaltspunkt. Der andere war, daß man als Personalrat nicht kontrollieren kann, wie der Dienstherr das Personalinformationssystem nutzt. Die Rechte, die man zur Kontrolle braucht, hat man als Personalrat nicht. Zum anderen ist die ganze Materie, die EDV, zu kompliziert, um sie bis in die letzten Einzelheiten verstehen zu können, wenn man sie nicht beruflich gelernt hat. Natürlich hatten wir noch inhaltliche Begründungen, warum wir keine Dienstvereinbarung abschließen wollten; zum Beispiel daß durch Personalinformationssysteme die Kontrolle über die Beschäftigten enorm wächst. Wir sind zu dem Schluß gekommen, daß wir und die Beschäftigten von einer Dienstvereinbarung nichts haben. Wir könnten vielleicht die Speicherung der Daten eingrenzen, das wäre aber auch alles. Weil es aber relativ egal ist, wieviel Daten gespeichert werden - da die Verknüpfung der Daten untereinander oder mit anderen Systemen entscheidend ist -, war eine Dienstvereinbarung für uns kein gangbarer Weg."

Das Verhalten des Kanzlers tut ein übriges, um die Personalvertreter in ihrer ablehnenden Haltung gegenüber einer Dienstvereinbarung zu bestärken: In Gesprächen im September und Oktober 1981 wird die Mitbestimmungspflichtigkeit für die Einführung von PVS II bestritten. Lediglich die zwei Bildschirmgeräte, die angeschafft werden müßten und den Einsatz von zwei Sachbearbeitern an den Geräten könne man als mitbestimmungspflichtig betrachten. Vorläufiger Höhepunkt in der Mißachtung der Beschäftigteninteressen ist dann der Grundsatzbeschluß des Rektorats zur PVS II-Einführung: "Das Rektorat nimmt zustimmend zur Kenntnis, daß zur Unterstützung der Personal- und Stellenverwaltung der Einsatz des DV-gestützten Verfahrens HIS PVS II vorbereitet und dabei eine 'Bielefelder Version' herausgearbeitet wird, die den Leistungs- und Merkmalsumfang auf die Unterstützung der hiesigen Personal- und Stellenverwaltung zuschneidet. Es begrüßt ausdrücklich, daß mit der Einführung von HIS PVS II Schritte unternommen werden, die Stellen aufgrund eines verbesserten Informationsstandes mit größtmöglicher Effektivität und Flexibilität bewirtschaften zu können. Das Rektorat geht im übrigen davon aus, daß ihm der Merkmalskatalog sowie spätere Änderungen daraus vorgelegt werden." (24) Und während die Personalvertretungen noch immer keine schriftlichen Informationen haben, meldet der Kanzler Ende November die Übernahme von PVS II als beschlossene Sache beim Minister für Wissenschaft und Forschung an. Er hatte anscheinend nicht mit großem Widerstand von seiten der Beschäftigten gerechnet. Auf einer Personalversammlung im Dezember kommt das PVS II als ein Punkt unter anderen zur Sprache. Angesichts der Wichtigkeit des Themas wird beschlossen, für Januar/Februar eine Sonderpersonalversammlung einzuberufen. Im Vorfeld dieser Versammlung bemüht sich der Kanzler, die ganze PV zu verhindern; als ihm dies nicht gelingt, läßt er sich dann auch auf dem für den 15. Februar 1982 festgelegten Termin nicht blicken. Die GEW verteilt als vorbereitende Information ein Flugblatt über Personal-Informationssysteme. Die Diskussion auf der Personalversammlung endet mit einem klaren Nein der Beschäftigten zu PVS II. Circa 500 Anwesende verabschieden bei 6 Gegenstimmen und 2 Enthaltungen die Forderungen der ÖTV- und GEW-Betriebsgruppen:

"1. Die Hochschulverwaltung und das Rektorat sollen das geplante Personalverwaltungssystem HIS PVS II **nicht** einführen und sämtliche Vorbereitungen zur Einführung einstellen!

2. Die Personalvertretungen sollen die schutzwürdigen Interessen der an der Uni Beschäftigten umfassend wahrnehmen und das PVS ablehnen." (25)

Da das Rektorat nun offensichtlich verstanden hat, daß es mit massivem Widerstand zu rechnen hat, beschließt es seinerseits, die Beschäftigten über PVS II zu informieren: Für Mai 1982 wird eine Veranstaltung mit Experten angekündigt, um die Harmlosigkeit der Bielefelder PVS II-Version vorzustellen.

In den Wochen vor dieser Veranstaltung entfalten die Vertrauensleute ständig neue Aktivitäten. Die ersten drei mehrseitigen Informationen zu PVS II und zu den Gefahren von Personalinformationssystemen allgemein werden verteilt; gleichzeitig startet eine Kampagne zur Verweigerung der Daten nach dem Muster der Bochumer Opel-Kollegen; Informationsstände in der Halle bieten die Möglichkeit zur weiteren Kenntnisverbreitung. Der Schwerpunkt der Argumentation liegt jedoch nicht bei der Detailkritik am PVS II.

Elisabeth Bähr dazu: "In den Informationen 'die ÖTV teilt mit' zum Beispiel, da haben wir uns hingesetzt und verschiedenste Argumente gegen Personalinformationssysteme zusammengetragen. Dabei sind wir immer so vorgegangen, daß wir die Kritik **allgemein** an den Systemen geführt haben und nicht über dieses PVS II. Das geschah aus gutem Grund, denn eine Detailkritik an diesen oder jenen Daten hätte den Blick verstellt für die Gefährlichkeit des gesamten Systems. Es könnte ja jemand denken, die Speicherung einzelner Daten wie Name, Wohnsitz, Geschlecht, wäre harmlos. Kanzler und Rektorat haben immer so argumentiert, daß sie ja nur eine 'abgemagerte Bielefelder Version' von PVS II einführen wollten, also eine 'harmlose' Version mit relativ wenigen Daten. Aber die Verknüpfung dieser Daten gibt den Dienststellenleitungen die Möglichkeit zu Maßnahmen gegen die Beschäftigten. Erstens deswegen haben wir nicht speziell über PVS II geschrieben, damit man gar nicht erst auf die Idee kommt, es sei irgendwas Harmloses. Außerdem weil, so ein konkretes System konkret zu kritisieren, das ist wahnsinnig schwierig, weil man diese Ausbildung nicht hat und über konkrete Sachen nicht durchblickt."

"Meinst Du, daß das PVS II in dieser Informationsphase ein wichtiges Thema für die Beschäftigten an der Uni war?" "Ja, das denke ich schon, daß das ein ganz wichtiges Thema war. Was die Beschäftigten sonst so an Veröffentlichungen geboten kriegen, ist nicht sonderlich viel, Flugblätter oder sonstwas. Das heißt, von den Studenten her ist es natürlich wahnsinnig viel, aber für die Nicht-

Wissenschaftler selber sonst nicht so sehr. Ich glaube schon, daß eine bestimmte Zeit, auf jeden Fall, als unsere Informationsschriften kamen, als die Unterschriftenaktion war und die Sonderpersonalversammlung war und diese Informationsveranstaltung, daß es das Thema war an der Uni. Wir haben das dann auch so gemacht, daß wir bei diesen Ständen in der Halle so auffällige Sachen hatten; wir hatten einen ganz komischen Typ da gebastelt, den 'Gläsernen Menschen', riesiggroß, und das hing die ganze Zeit in der Unihalle, dann noch ein Transparent 'ÖTV gegen PVS II', damit also eine ständige Erinnerung wieder da war."

Vor der Informationsveranstaltung sind schon über 700 Unterschriften mehrheitlich von nichtwissenschaftlichen Beschäftigten gesammelt (die Universität hat ca. 1.100 nichtwissenschaftliche Beschäftigte). Die Informationsveranstaltung wird für die Befürworter des PVS II ein gigantischer Mißerfolg. Wollten sie doch eigentlich die Beschäftigten von der Harmlosigkeit und der Notwendigkeit von PVS II überzeugen, müssen sie mit anhören, wie selbst ihre Referenten am Schluß der Debatte einzelne Gefahren von Personalinformationssystemen eingestehen müssen. Die Argumente der Vertrauensleute überzeugen, und der Erfolg der Unterschriftenaktion spricht für sich selbst.

Da die Gesamtheit der Beschäftigten also offensichtlich nicht für ein Personal-Informationssystem zu begeistern ist, werden jetzt die Personalvertretungen wieder angesprochen. Ende Juli 1982 wird ein zweites Gespräch zwischen Rektorat und Personalräten geführt. Das inzwischen vorliegende 'Sollkonzept' der 'Bielefelder Version' von PVS II soll nun in einzelnen Punkten und konkret kritisiert werden. Elisabeth Bähr dazu: "Am 'Sollkonzept' konnte man nur das kritisieren, was es nicht enthielt, kaum das, was es enthielt. Wesentlich war, was ungesagt blieb." Trotzdem wird mit Hilfe einer Beratung der Stiftung Mitbestimmung eine Kritik erarbeitet.

Gleichzeitig bemühen sich die Vertrauensleute, die Beschäftigten weiter aktiv an der Gegenwehr zu beteiligen. Die Urlaubspause im Sommer sowie das 'gute Gefühl', mit einer Unterschrift alles getan zu haben, lassen das Problembewußtsein auf breiter Ebene zeitweilig etwas einschlafen. Bei Diskussionen kommt nun des öfteren die Frage: 'Wieso PVS? Ich dachte, das wäre längst vom Tisch?'

Als die Kritik des Sollkonzeptes fertig ist, wollen die Personalvertretungen eine erneute Sonderpersonalversammlung für den 15. Dezember einberufen. Ein weiteres Flugblatt der Vertrauensleute wird herausgegeben, die Diskussion und die Sammlung der Unterschriften (inzwischen sind es 821) lebt erneut auf. In dieser Phase wird bekannt, daß das Rektorat bereits am 30. November beschlossen hat, PVS II vorerst fallenzulassen. Als der Beschluß in der Zeitung der Universität abgedruckt ist, können die Beschäftigten der Uni aufatmen, das PVS II ist vom Tisch. Das letzte Flugblatt der Ötv-Vertrauensleute zitiert den Rektoratsbeschluß, der deutlich zeigt, daß ohne die massive Gegenwehr der Beschäftigten das Rektorat anders entschieden hätte: "Zwar sah sich das Rektorat in der Auffassung bestätigt, daß es wünschenswert wäre, die 'Bielefelder Version' von HIS PVS II einzusetzen, da sie eine geeignete Unterstützung der Stellen- und Personalverwaltung darstellt, mit der die Arbeit rationeller erledigt werden kann und mit der für Entscheidungen notwendige Informationen erzeugt werden können', doch sprach zuviel dagegen. 'Gleichwohl sieht das Rektorat gegenwärtig von der Weiterverfolgung dieser Erwägung ab, weil es die aus allen Gruppen der Universität vorgebrachten Bedenken respektiert, das System könnte gegen mißbräuchlichen Zugriff nicht hinreichend abzusichern sein, ein Bedenken, das auch bei Rektoratsmitgliedern nicht voll ausgeräumt werden konnte.'" (27)

Die Kolleginnen und Kollegen der Uni Bielefeld machen sich dennoch keine Illusionen, daß mit dem 'Fall PVS II' das Problem erledigt ist. Auch an der Universität gibt es eine Reihe von zusätzlichen, EDV-gestützten Systemen: "Bisher laufende Systeme werden weitergeführt. Dazu gehören die Raumverwaltung per EDV und die Telefonkostenüberwachung, bei der alle Teilnehmernummern nach wie vor gespeichert werden. Auch Wähler- und Adressenlisten werden vermutlich mit EDV-Unterstützung erstellt. Teilsysteme sind also weiter vorhanden. Hier müssen die beiden Personalvertretungen wachsam bleiben und die Entwicklung genau verfolgen." (28)

Die weitere Entwicklung läßt dann auch in Bielefeld nicht lange auf sich warten: Zur Zeit geht es um die Einführung eines Textverarbeitungssystems. Die Verhinderung des PVS ist über Bielefeld hinaus von großer Bedeutung, da in ganz Nordrhein-Westfalen an den Universitäten ein PVS eingerichtet werden soll. Diese Pläne werden an mehreren Universitäten NRWs bereits vorangetrieben. Das Ziel ist in der Endstufe ein landesweites Informationssystem; die HIS GmbH schreibt ganz offenherzig dazu: "Zusätzlicher Nutzen entsteht, wenn eine Verknüpfung von dem HIS PVS II mit einem landesweiten 'Informations-System Personalwesen' hergestellt wird. Eine Verknüpfung beider Systeme und der Austausch von Daten ... sollte durch eine in beiden Systemen vorgesehene Kennziffer möglich sein. ... Entsprechendes gilt auch für eine Verknüpfung mit den Besoldungs-/Vergütungs-/Lohnsystemen" (29) (gemeint ist das Landeamt für Besoldung und Versorgung LBV). Das sind keineswegs nur die Wunschträume einer Herstellerfirma.

Die gesetzliche Grundlage jedenfalls gibt es durch das 'Gesetz über die Organisation der automatisierten Datenverarbeitung in Nordrhein-Westfalen' vom 12. Februar 1974. Das Gesetz regelt den Aufbau eines landesweiten Informationssystems für Nordrhein-Westfalen, betreffend "Land, Gemeinden und Gemeindeverbände sowie die Gesamthochschulen, wissenschaftlichen Hochschulen und Fachhochschulen" (30)und, unter bestimmten Bedingungen nach § 1 (2), "auch für andere der Aufsicht des Landes unterstehende Körperschaften, Anstalten und Stiftungen des öffentlichen Rechts". (31) Gigantisch, was da aufgebaut werden soll. Und zudem ist gleich auch noch geregelt, daß die einzelnen Institutionen, auch die Hochschulrechenzentren, "die organisatorisch-technische Grundlage für den Aufbau eines Landesinformationssystems" (32) bilden sollen. Lakonischer Halbsatz hinten dran: "sie stehen im Verbund".33)

Auch dieser übergeordnete Gesichtspunkt des Aufbaus eines Landesinformationssystems war eine Bestätigung für die Einschätzung der Personalvertretungen, daß es sinnlos wäre, auf eine 'individuelle' Bielefelder Regelung und somit auf eine Dienstvereinbarung hinzuarbeiten. "Sintemal die Einführung von PVS als 'Basissystem' notwendige Voraussetzung für landesweiten Datenverbund ist, wäre es grotesk, diesem durch eine besonders schlau ausgetüftelte 'Bielefelder Version' vorbeugen zu wollen. Dieweil die Einführung der 'harmlosen' ersten Stufe Voraussetzung für die (nicht mitbestimmungspflichtige) offene und verdeckte Ausweitung ist, wäre es absurd, ihr zuzustimmen. Vollends hirnrissig wäre es, um einzelne Merkmale zu schachern, um 'Mißbrauch zu verhüten', da das ganze System Mißbrauch ist." (34) Elisabeth Bähr nochmal abschließend zur Vorgehensweise: "Irgendwann in der Auseinandersetzung ist uns klar geworden, nicht von Anfang an war das so klar, daß unsere Strategie so sein muß, daß wir dieses ganze Mitbestimmungsverfahren erst gar nicht in Gang setzen wollen; obwohl, es wird ja nicht von uns, sondern von der Gegenseite in Gang gesetzt, aber das wollen wir möglichst verhindern. Deswegen auch der Schwerpunkt der Aktivitäten bei der ÖTV und nicht beim Personalrat, und deswegen der Schwerpunkt, die Beschäftigten handeln zu lassen und nicht nur den Personalrat. Daher die Unterschriftensammlung, so daß wir sagen konnten: "Wollen Kanzler und Rektorat etwa gegen den Willen der Beschäftigten das PVS durchsetzen?"

Das war aber tatsächlich später erst in der Auseinandersetzung bewußt, daß wir das Mitbestimmungsverfahren verhindern wollten. Wäre das Mitbestimmungsverfahren eingeleitet worden, hätten beide Personalräte nein gesagt, das war ziemlich klar, dann wäre die Angelegenheit in die Stufenvertretung, zum Hauptpersonalrat gegangen, der hätte vielleicht auch abgelehnt. Aber spätestens in der dann folgenden Einigungsstelle hätten wir wahrscheinlich eine Dienstvereinbarung gehabt. Das wollten wir nicht. Ich glaube, das ist ein Phänomen, das bislang nur in Bielefeld mit Bewußtsein so angegangen worden ist, das habe ich so noch nicht von anderen Betrieben gehört, daß die gar nicht so das Mitbestimmungsverfahren wollen. Aber da ist auch ein springender Punkt, wenn man das so machen will wie wir. Denn das bedeutet eine immensen Haufen an Arbeit, und das kann ein Personalrat kaum leisten, es sei denn, da sind welche drin, die sowieso schon im Vorfeld Informationen haben. Aber auch dann ist ein Personalrat eingeschränkt in dem, was er tun kann; vieles wird ihm durch das Personalvertretungsgesetz unmöglich gemacht.

Und es geht nur über die Gewerkschaften, nur die Gewerkschaften können überhaupt dann die Beschäftigten mobilisieren, und das ist eben die Voraussetzung, um so ein Verfahren durchzuziehen. Anders geht das nicht, man kann das nicht vom Personalrat aus machen, allein. Weil das nur über die Beschäftigten geht, also über die Gewerkschaften - die müssen die Initiatoren sein, was anderes kann ich mir da auch nicht vorstellen - und weil das eben ganz viel Arbeitet bedeutet auch, ich denke, das können eine ganze Reihe Betriebsgruppen einfach nicht leisten. Ich weiß nicht, ob sie es nicht können oder nicht wollen, das ist vielleicht auch unterschiedlich."

Und der Normalfall?

Die beiden geschilderten Fälle zeigen zwar unterschiedliche Vorgehensweisen bei der drohenden Einführung eines Personal-Informationssystems; dennoch repräsentieren sie nicht das gesamte Spektrum an Reaktionen auf ein PIS im Betrieb. Der Fall 'Opel' und der Fall 'Bielefeld' haben in der Öffentlichkeit starke Beachtung gefunden, ersterer wegen der ungewöhnlichen Auseinandersetzungen, letzterer wegen des außergewöhnlichen Ergebnisses.

Meistens verläuft die Einführung eines PIS jedoch nicht so spektakulär. In vielen Fällen wird der Betriebsrat von der Unternehmensleitung nicht beteiligt, sondern durch die Einführung eines PIS vor vollendete Tatsachen gestellt. Aber auch dort, wo der Betriebsrat unterrichtet wird, kommt es nicht immer zur Gegenwehr; die Arbeitnehmervertreter schätzen die Gefahren eines PIS häufig nicht realistisch genug ein. In anderen Fällen einigen sich Betriebsrat und Unternehmensleitung auf dem Verhandlungsweg über eine Betriebsvereinbarung, ohne daß eine Mobilisierung der Beschäftigten erfolgt wäre.

In seiner Untersuchung über den Ausbaustand von Personal-Informationssystemen in den 220 umsatzstärksten Unternehmen der Bundesrepublik fragte Kilian unter anderem nach der Beteiligung des Betriebsrats bei der Planung eines PIS. (35)

Wurde der Betriebsrat bei der Planung des Personalinformationssystems beteiligt?

1.	Nein	19,4 %
2.	Er wurde über Planung und Konzeption des Personalinformationssystems unterrichtet	31,3%
3.	Die Konzepte wurden mit dem Betriebsrat erörtert und beraten	31,3 %
4.	Im Planungsstab arbeiteten Betriebsratmitglieder mit	13,4 %
5.	Es gibt keinen Betriebsrat	3,0 %
6.	Keine Angabe	1,5 %

Aus: W. Kilian (Anmerkung 35), S. 186

An dem Ergebnis fällt auf, daß etwa jeder fünfte Betriebsrat noch nicht einmal von der Planung unterrichtet wurde; weniger als die Hälfte der Betriebsräte wurde über eine bloße Unterrichtung hinaus zu den Planungen hinzugezogen. Eine weitere Frage Kilians zielte auf die Reaktion der Betriebsräte auf die geplante Einführung.

In welcher Weise äußerte sich der Betriebsrat?

1. Er äußerte sich nicht	3,0 %
2. Er akzeptierte das Konzept	20,9 %
3. Er äußerte grundsätzliche Bedenken gegen das Personalinformationssystem-Konzept	0 %
4. Er äußerte gegen einzelne Funktionen des Personalinformationssystem-Konzepts Bedenken	22,4 %
5. Keine Aussage möglich (prinzipielle Nichtbeteiligung des Betriebsrats an der Planung; Nichtwissen der Unternehmensleitung oder keine Angaben)	52,2 %

Aus: W. Kilian (Anmerkung 35), S. 189

Grundsätzliche Bedenken: 0%. Knapp ein Viertel der Betriebsräte hatten keine Einwände. Ein Beispiel von vielen. Das System PAISY läuft seit 1977 beim Zweiten Deutschen Fersehen (ZDF), ohne daß der Personalrat grundsätzliche Bedenken geäußert hätte. Der Personalrat in der Zentrale Mainz hatte die Einführung des Systems zum Zweck der Lohn- und Gehaltsabrechnung zur Kenntnis genommen; die Personalräte einzelner Landesstudios wurden davon nicht unterrichtet. Mittlerweile ist bekannt geworden, daß PAISY nicht nur zur Abrechnung, sondern auch zur Kontrolle von Fehlzeiten und Krankheitszeiten benutzt wird. Inzwischen ist die Einführung eines neuen Systems, INTERPERS, anstelle von PAISY geplant. Es ist kaum anzunehmen, daß die Personalräte wieder nicht reagieren.

Doch zurück zur Untersuchung von Kilian. Ebenfalls erfragt wurde, ob über das PIS eine Betriebsvereinbarung bestand oder geplant war.

In fast zwei Drittel der Betriebe dieser Untersuchung läuft also ein PIS ohne Betriebsvereinbarung. Kilians Untersuchung enthält Zahlen auf dem Stand von 1979. Inzwischen ist das Problem PIS stärker in das Bewußtsein von Arbeitnehmervertretungen gerückt. In Ermangelung anderer konkreter Gegenmaßnahmen wird häufig ver-

Gibt es in Ihrem Unternehmen über das Personalinformationssystem eine Betriebsvereinbarung?

1. Ja, es ist eine Betriebsvereinbarung in Kraft — 23,9 %
2. Es ist eine Betriebsvereinbarung in Vorbereitung — 4,5%
3. Nein, eine Betriebsvereinbarung ist nicht vorgesehen — 64,2 %
4. Es besteht eine "Einführungserklärung", keine Betriebsvereinbarung — 1,5 %
5. Keine Angabe — 6,0 %

Tabelle aus: W. Kilian (Anm. 35), S. 224

sucht, eine Betriebsvereinbarung abzuschließen, um Mitbestimmungsrechte zu wahren und Einfluß auf Einführung und Betrieb des Systems zunehmen. Nicht immer geht es dabei so kontrovers zu wie bei Opel. Bei der 'Gillette Deutschland' in Berlin z.B. wurde im Dezember 1982 eine Betriebsvereinbarung abgeschlossen. Zwar hatte die Geschäftsleitung der Gillette anfangs die Mitbestimmungsrechte des Betriebsrates bestritten; aber nachdem die Arbeitnehmervertretung den Gang zur Einigungsstelle angekündigt hatte (falls die Geschäftsleitung auf ihrer Position beharrt), kam es zu Verhandlungen über eine Betriebsvereinbarung. Unter Heranziehung eines Sachverständigen gelang es dem Betriebsrat, eine Vereinbarung auszuarbeiten, die von der Geschäftsleitung akzeptiert wurde. Diese Vereinbarung berücksichtigt die Arbeitnehmerinteressen weitgehender als dies in anderen zumeist kompromißverwaschenen Betriebsvereinbarungen der Fall ist. Eine entscheidende Regelung schreibt die Vorab-Zustimmung zu jeder neuen Auswertung vor. Dennoch herrscht bei Gillette kein ungebrochener Optimismus, da eine Kontrolle des PAISY-Betriebs schwierig ist. Zwar werden zur Zeit keine Probleme erwartet, aber, so ein Betriebsrat: "Was weiß ich, was wir in zehn Jahren für eine Geschäftsleitung haben?"

Probleme betrieblicher Gegenwehr

Personal-Informationssysteme sind für die meisten Betriebe, auf die eine Einführung zukommt, ein unbeschriebenes Blatt. Und selbst wenn die Betriebsräte oder Personalräte schon um die Probleme wissen, ist die komplizierte Materie aus 'Technik, Gefahren, Betriebsvereinbarung-Paragraphen' etc. den betroffenen Arbeitnehmern nur schwer zu vermitteln. Viele Beschäftigte haben noch gar nichts von Personal-Informations-Systemen gehört oder denken vielleicht sogar: 'Ich habe nichts zu verbergen, was soll so schlimm sein an diesem System?' Außerdem stehen in vielen Betrieben noch andere Probleme wie der Abbau von Arbeitsplätzen an, die natürlich für viele Beschäftigte in ökonomischen Krisensituationen weit bedrohlicher wirken als ein abstraktes PIS.

Für die Arbeitnehmervertretungen ergibt sich hier fast ein Dilemma. Einerseits bedeutet die umfassende Information der Belegschaft die Grundlage und Voraussetzung einer breit getragenen Gegenwehr. Gleichzeitig fällt diese Information aber häufig bereits in eine Phase, in der Betriebsräte unter dem Zugzwang stehen, konkrete Abwehrmaßnahmen vorzubereiten. Die Unternehmensleitungen drängen. Die Unterstützung der Gewerkschaften von außen entscheidet in dieser Situation erheblich mit über die Abwehr-Strategien. Die Rückendeckung der ÖTV im 'Fall Bielefeld' zum Beispiel war für die beteiligten Vertrauensleute von großer Bedeutung. Auch die Beratung durch Experten der Vorstandsetagen beim Aushandeln der Modalitäten für eine Betriebsvereinbarung kann das nötige Fachwissen als Gegenpart zu den hochbezahlten Unternehmensberatern liefern. Aus eigener Kraft ist es unheimlich schwer für die Aktiven in einem Betrieb, gegen ein PIS zu mobilisieren; schließlich ist ja auch ein PIS meist nicht das einzige anstehende Problem.

Um so unverständlicher erscheint es, wenn Belegschaften und ihre Vertretungen die Gewerkschaft um Unterstützung bitten und dann in ihren Aktivitäten gebremst oder in eine ganz andere Richtung gedrängt werden. Deutlich geworden ist dies im Fall 'Opel', als die Bochumer der PIS-Einführung wesentlich ablehnender gegenüberstanden als die Rüsselsheimer, die ihre Position im Gesamtbetriebsrat durchsetzen konnten. Die Favorisierung dieser Position durch die IG Metall bedeutete auch für Bochum, daß es sich dieser Strategie anzuschließen hatte; gegen die Gewerkschaft läuft schließlich nichts.

Probleme gab es auch bei der Einführung von ISA bei Daimler Benz über unterschiedliche Vorgehensweisen. Dieter Marcello, Mitglied der Plakat-Gruppe, schreibt dazu: "Das eigentlich Skandalöse sehen wir vielmehr in dem Unterschied zwischen dem, was Arbeitnehmervertreter und deren Organisationen an Erkenntnissen über Gefahr und Folgewirkung von integrierten Personal- und Betriebsdatenerfassungssystemen offiziell verbreiten, und dem entgegengesetzten Handeln ihrer Funktionäre, da wo die Vereinbarungen festgeklopft werden, da wo die Entscheidung über den Gang zum Gericht getroffen wird, oder dort, wo, wie bei uns, Betroffene 9000 rechtswirksame Unterlassungserklärungen den Verhandlungsführern als Faustpfand in die Hand gegeben hatten. Selbst wenn der Grund für diesen Widerspruch in der beschränkten Einsichtsfähigkeit der IG Metaller liegen sollte, mit denen wir es bei uns im Betrieb zu tun haben, so hat das doch Methode: Denn diese Funktionäre und ihr Vorgehen werden gedeckt, die Betriebsvereinbarungen, über die sie abstimmen, werden in der Vorstandszentrale gelesen." (36) Die Beispiele ließen sich fortsetzen. (37)

Ein weiteres Problem für die Belegschaften großer Unternehmen mit mehreren Betrieben ist die Frage, ob der örtliche Betriebsrat oder der Gesamtbetriebsrat über die Einführung eines PIS verhandelt. Einerseits ist es sicher positiv, wenn die Belegschaft sich nicht in ihrer Gegenwehr in verschiedenen Betrieben zersplittert; andererseits drängen auch die Unternehmensleitungen ihrerseits häufig auf die Zuständigkeit des Gesamtbetriebsrates, selbst wenn die Einführung eines Systems erst einmal für einen Betrieb allein geplant ist. Für Siemens schildert eine Betroffene das Problem: "Der Versuch der Firma, die Auseinandersetzungen auf den Gesamtbetriebsrat zu verlagern, ist aus ihrer Sicht folgerichtig. Der Siemens-Gesamtbetriebsrat mit 55 Mitgliedern hat eine Belegschaft von 220 000 Beschäftigten zu vertreten. Überlastung und fehlende Konfrontation der GBR-Mitglieder mit den Auswirkungen ihrer Entscheidungen sind die Folge. Zusätzlich sorgt die Einbindung der GBR-Mitglieder in die Interessenlage des Gesamtunternehmens für eine weitgehende Berücksichtigung des Firmenstandpunktes." (38)

Oder bei Wacker Chemie: "Als sie merkten, es kommt Widerstand, speziell aus dem Kölner Betriebsrat, ist das Ganze über eine Konzernbetriebsvereinbarung eingeführt worden, die im Hau-Ruck-Verfahren durchgesetzt wurde. Und das dokumentiert auch in etwa unsere Schwierigkeit: Wir haben noch nicht mal die Möglichkeit gehabt, die Frage uns praktisch betriebspolitisch zu stellen, ob wir gegen die Einführung dieses Systems sind und mobilisieren wollen - das wurde eingeführt! Und das ist meines Erachtens das Dilemma fast aller betrieblichen Situationen, wo Gesamtbetriebsräte existieren, daß das über die Zentrale gemacht wird." (39)

In anderen Fällen wiederum kann es günstig sein, wenn der Gesamt-oder Konzernbetriebsrat einheitliche Regelungen für alle Betriebe erreicht. Deutlich wird an diesem unvollständigen Aufriß betrieblicher Gegenwehr-Probleme, daß es kein allgemeingültiges 'Rezept' geben kann, um wirkungsvoll gegen Personal-Informationssysteme vorzugehen. Offensichtlich ist aber auch, daß bewährte Strategien betrieblicher Mitbestimmung nicht in jedem Fall greifen, wenn es um Personal-Informationssysteme geht. Der Bielefelder Fall hat zumindest gezeigt, daß es unter bewußtem Verzicht der Mitbestimmungsrechte möglich war, das konsequente 'Nein' durchzusetzen. Auch wenn man die hier gemachten Erfahrungen im erzielten Ergebnis nicht verallgemeinern kann, zeigen sie doch eine grundsätzlich andere Herangehensweise an das Problem PIS. In der überwiegenden Zahl der Fälle wird jedoch der Abschluß einer Betriebsvereinbarung von den Gewerkschaften als Antwort auf die drohende Einführung eines PIS den Betriebsräten empfohlen.

Bevor wir uns einer abschließenden Diskussion über mögliche Strategien zuwenden, wollen wir das in der betrieblichen Praxis so wichtige Thema 'Betriebsvereinbarungen' näher beschreiben. Der folgende Exkurs untersucht die Möglichkeiten der Mitbestimmung, beschreibt wichtige Regelungstatbestände und versucht eine Einschätzung.

Betriebsvereinbarungen über PIS
- Gesetzliche Grundlagen

Für die konkrete Gegenwehr bei der Einführung eines Personal-Informationssystems in einem Betrieb sind vom Betriebsrat einige Punkte zu beachten:
- Es besteht bei der Einführung von PIS eine **Informationspflicht** der Unternehmensleitung gegenüber dem Betriebsrat;
- Die Einführung eines Personal-Informationssystems ist **mitbestimmungspflichtig**;
- Wird die Möglichkeit der Mitbestimmung in Anspruch genommen, sollte eine **Betriebsvereinbarung** abgeschlossen werden. Wird dies von der Unternehmensleitung nicht akzeptiert, ist die **Einigungsstelle** anzurufen;
- Darüber hinaus ist auf die Einhaltung der im **Bundesdatenschutzgesetz** festgelegten Rechte zu achten.

Im folgenden beschreiben wir die Möglichkeiten, die bei offensiver Auslegung des Betriebsverfassungsgesetzes bestehen. Die Informationspflicht der Unternehmensleitung gegenüber dem Betriebsrat ergibt sich zum Beispiel aus § 90 des Betriebsverfassungsgesetzes (BetrVG), da mit der Einführung eines Personal-Informationssystems der Einsatz von Datenverarbeitungsanlagen, Endgeräten (Bildschirmarbeitsplätze) sowie die Einführung neuer Arbeitsverfahren in der Personalverwaltung verbunden ist. Der Betriebsrat hat dabei rechtzeitig und umfassend informiert zu werden. Das heißt: dem Betriebsrat müssen alle Planungsunterlagen, die zur Einführung des Systems existieren, schriftlich zur Verfügung gestellt werden. Dies muß so frühzeitig geschehen, daß noch genügend Zeit bleibt, Alternativen zu erarbeiten bzw. Gestaltungsvorschläge einzubringen. (1)

Nach Hofmann ergibt sich die Informationspflicht unter anderem auch aus § 92 BetrVG, wonach die Unternehmensleitung verpflichtet ist, den Betriebsrat umfassend und rechtzeitig über die Personalplanung zu informieren. Darin ist die Unterrichtung über die in einem PIS zur Anwendung kommenden Methoden und Verfahren eingeschlossen. Zudem ergibt sich eine Informationspflicht auch nach § 80 Abs.1 Ziff.1 BetrVG, in dem die Überwachung der zugunsten der Beschäftigten geltenden Gesetze durch den Betriebsrat geregelt ist. Dieser Aufgabe kann dieser natürlich nur nachkommen, wenn er Einblick in die Planung eines Personal-Informationssystems erhält. Denn wie könnte er sonst auf mögliche Verstöße gegen das geltende Recht aufmerksam machen und gegebenenfalls reagieren. Eine ausreichende Information bei der Einführung eines PIS beinhaltet einerseits eine umfassende Systembeschreibung sowie einen Katalog der Daten, die erfaßt werden sollen. Zum anderen sollte dem Betriebsrat von der Unternehmensleitung ein komplettes Verzeichnis der Verwendungszwecke und -absichten bereitgestellt werden. Kommt die Unternehmensleitung der Informationsverpflichtung nicht nach und beginnt bereits mit der Realisation ihres Vorhabens, kann der Betriebsrat mit einer einstweiligen Verfügung den Betrieb des Personal-Informationssystems verhindern.

Wird in einem Unternehmen die Einführung oder der Ausbau eines Personal-Informationssystems geplant, so kommen bei diesem Vorhaben die **Mitbestimmungsrechte** des Betriebsrates zum Tragen. Diese Tatsache war allerdings zunächst umstritten. Zwar wird in § 87 Abs.1 Ziff.1 und 6 BetrVG der Arbeitnehmervertretung ein Recht auf Mitbestimmung bei der Einführung und Anwendung von technischen Einrichtungen, mit deren Hilfe das Verhalten oder die Leistung der Beschäftigten überwacht werden soll, zugestanden. Doch war umstritten, ob es sich bei einem PIS um eine 'technische Einrichtung' im Sinne des Gesetzes handelt. Darüber hinaus war nicht klar, wo genau die Überwachung stattfindet, und ob z.B. die bloße Absichtserklärung der Unternehmensleitung, das PIS nicht zur Kontrolle der Leistung oder des Verhaltens einzusetzen, ausreicht, um die Mitbestimmungsrechte des Betriebsrates zu umgehen.

In einem rechtskräftigen Urteil des Arbeitsgerichtes München vom 8. Dezember 1980 (1 BV 95/80) wird das Mitbestimmungsrecht bei der Einführung eines PIS jedoch bestätigt. Dort wird deutlich formuliert, daß es sich bei der Einspeicherung eines Personal-Informationssystems (in diesem Fall PAISY) um eine technische Einrichtung gemäß § 87 Abs.1 Ziff.6 handelt, die zur Überwachung des Verhaltens und der Leistung der Arbeitnehmer geeignet ist. In der Urteilsbegründung heißt es: "Daß es sich bei der systematischen computermäßigen Erfassung von Daten des Personals der Antragsgegnerin um eine technische Einrichtung handelt, erscheint wenig zweifelhaft. Für diese Feststellung ist unerheblich, ob das auf dem Markt angebotene Programm PAISY für sich allein bereits als technische Einrichtung zu qualifizieren wäre. Im Streit steht vielmehr die Frage, ob die Einspeicherung des Programms PAISY in den Computer der Antragsgegnerin als Einführung einer technischen Einrichtung anzusehen ist. Dies dürfte wohl deshalb zu bejahen sein, weil eine EDV-Anlage erst dadurch zu einer funktionsfähigen technischen Einrichtung wird, wenn sie in einer bestimmten Weise programmiert wird. Sobald daher das System PAISY im Computer der Antragsgegnerin verwendet wird, dürfte eine Verwendung einer technischen Einrichtung vorliegen.... Schließlich ist auch nicht offensichtlich, daß die Anwendung des Systems PAISY nicht zur Überwachung des Verhaltens und der Leistung der Arbeitnehmer geeignet ist. Eine überschlägige Betrachtung der in die EDV-Anlage im Rahmen des PAISY-Programms eingespeicherten Personaldaten zeigt, daß hierdurch eine effektive Überwachung des Verhaltens und der Leistung der Arbeitnehmer ermöglicht wird.... Die systematische computermäßige Erfassung dieser Daten erfolgt ja gerade zu dem Zweck, eine schnellere und unkompliziertere Verfügbarkeit dieser Daten und damit auch eine bessere Kontrollmöglichkeit des Verhaltens der Arbeitnehmer zu ermöglichen. Hierbei ist anzumerken, daß nach ganz überwiegender Meinung in Rechtsprechung und Literatur für die Annahme einer technischen Einrichtung im Sinne von § 87 I 6 BetrVG bereits die bloße objektive Geeignetheit zur Überwachung von Arbeitnehmerverhalten genügt." (2)

In diesem Urteil wird von dem Gericht allerdings nur angedeutet, welche enormen Möglichkeiten der Kontrolle in einem Personal-Informationssystem stecken, denn es geht in seiner Begründung nur vom Katalog der in einem PIS gespeicherten Daten aus, die Verknüpfungsmöglichkeiten werden noch nicht einmal berücksichtigt. Im Hinblick auf diese Möglichkeiten kommt jedoch dann § 95 BetrVG zum Tragen. Denn das Erstellen von Fähigkeits- und Eignungsprofilen in einem PIS sowie die zu ihrer Erstellung notwendigen Kriterien und Gesichtspunkte stellen eine Auswahlrichtlinie im Sinne dieses Paragraphen dar und unterliegen somit der Mitbestimmung des Betriebsrates.

Das Mitbestimmungsrecht des Betriebsrates kann sich auch noch aus § 94 Abs.1 und Abs.2 BetrVG ergeben. Danach bedürfen die Abfassung von Personalfragebögen, die Fragen zur Person in schriftlichen Arbeitsverträgen sowie die Erstellung von Beurteilungsgrundsätzen der Zustimmung der Arbeitnehmervertretung. Damit hat der Betriebsrat die Möglichkeit, nicht nur die Erfassung von personenbezogenen Daten zu kontrollieren, sondern sie auch so weit wie möglich einzuschränken. In der Mitbestimmung bei Beurteilungsgrundsätzen besteht immerhin die Möglichkeit, die Interessen der Unternehmensleitung zu beschneiden. Durch § 94 BetrVG werden also zum einen die Persönlichkeitsrechte des einzelnen Beschäftigten gegenüber dem Unternehmen als schutzwürdig anerkannt. Andererseits sind diese Rechte durch die kollektive Interessenvertretung des Betriebsrates bei der Gestaltung des Fragerechts und der Beurteilungsgrundsätze geschützt. Um das Mitbestimmungsrecht bei der Erarbeitung der Beurteilungsgrundsätze auch auszuüben, ist im Falle der Einführung eines Personal-Informationssystems der Betriebsrat auch an der Verarbeitung der erhobenen Daten zu beteiligen.

Eine weitere Wahrnehmung der Mitbestimmungsrechte ergibt sich aus § 75 BetrVG. Hiernach ist es Aufgabe des Betriebsrates zu überwachen, ob Arbeitnehmer diskriminiert werden und die Rechte der freien Persönlichkeitsentfaltung gewahrt bleiben. Mit der Einführung von PIS werden diese Aufgaben sicher vermehrt zu erfüllen sein. Konkrete Mitwirkungsmöglichkeiten sind in dem Paragraphen jedoch nicht genannt, es bleibt bei der allgemeinen Forderung. Doch sollten diese Forderungen im Rahmen der Auseinandersetzungen um PIS konkretisiert werden. Wichtig wird dies insbesondere bei der möglichen Erstellung von Persönlichkeitsprofilen, deren reduziertes Bild des Arbeitnehmers dann als Entscheidungsgrundlage herangezogen wird. Die Enquete-Kommission 'Neue Informations- und Kommunikationstechniken' des Deutschen Bundestages sieht in ihrem Zwischenbericht die Grenzen der Persönlichkeitsforschung in Artikel 1 Abs.1 Grundgesetz (GG), also der Menschenwürde und im allgemeinen Recht auf freie Entfaltung der Persönlichkeit und damit auf informationelle Selbstbestimmung (Artikel 2 Abs.1 GG). Ein Konsens über den genauen Verlauf der Grenzen besteht nach Ansicht der Kommission noch nicht. (3)

Generell läßt sich sagen, daß sich das Mitbestimmungsrecht des Betriebsrates bei der Einführung und beim Ausbau von Personal-Informationssystemen wirklich zwingend nur aus der Anwendung des § 87 Abs.1 Ziff.6 des BetrVG ergibt (wie das Arbeitsgericht München in seinem Urteil festlegte). Dies gilt auch, wenn sich aus den einzelnen in einem PIS enthaltenen Daten noch keine Anhaltspunkte für eine Überwachung ergeben. Simitis führt dazu aus: "Die einzelnen im Informationssystem enthaltenen Daten mögen für sich genommen noch keinen Anhaltspunkt für eine Überwachung geben. Ihre Zusammenführung und systematische Verarbeitung verändert freilich das Bild. Das Personalinformationssystem schafft nicht nur die Grundlage für alle weiteren Entscheidungen über die Verwendung des Arbeitnehmers, sondern damit zugleich die Voraussetzungen für seine Kontrolle. (4) Mit der Einführung eines PIS entscheidet sich der Arbeitgeber für ein 'technisches Instrument', das alle Voraussetzungen für eine Überwachung der Arbeitnehmer mit sich bringt. Hieraus ergibt sich zwingend die Anwendung des § 87 Abs.1 Ziff.6 BetrVG. Dabei ist nicht wichtig, wie groß z.B. die Zahl der verarbeitbaren Daten ist oder ob sie wirklich zu Kontrollzwecken benutzt werden. "Der Arbeitgeber kann deshalb den Betriebsrat weder übergehen noch sich darauf beschränken, ihn lediglich von seiner Absicht zu informieren, ein Personalinformationssystem einzuführen. Das Gesetz erwartet mehr von ihm. Es ist nur bereit, eine Entscheidung anzuerkennen, die vom Betriebsrat mitgetragen wird." (5)

Nimmt der Betriebsrat seine Mitbestimmungsrechte bei Personal-Informationssystemen wahr, so sollte es ihm sinnvollerweise in erster Linie darum gehen, seine Aufgaben des Schutzes und der Förderung der Persönlichkeitsentfaltung der Beschäftigten wahrzunehmen (nach § 75 BetrVG). Die Gefahr der Reduzierung der Arbeitnehmer auf Persönlichkeitsprofile und die dadurch möglichen Diskriminierungen und Gefährdungen des Persönlichkeitsrechts muß mit konkreten Forderungen, z.B. Verbot von Profilabgleichen, abgewandt werden. "Leitlinie für den Betriebsrat sollte sein, daß Personaldaten nur in anonymisierter Form und im Rahmen festgelegter Programme für Planungsprozesse verwendet werden dürfen. Der Betriebsrat hat dabei von jedem Programmlauf im Planungsbereich Kenntnis zu bekommen. Darüber hinaus muß er entsprechende Kontrollrechte besitzen." (6) Die Verwendungszwecke und der Einsatz eines PIS sind also vom Betriebsrat entsprechend einzuschränken. Zu diesem Zweck kann eine Betriebsvereinbarung über die Anwendung und Einsatzweise eines Personal-Informationssystems abgeschlossen werden.

Die Aufgabe einer **Betriebsvereinbarung** sollte in der Regelung der Verwendung aller personenbezogenen Daten in einem PIS liegen. Dabei sind sowohl die Rechte des einzelnen Arbeitnehmers als auch die der Gesamtheit der betroffenen Arbeitnehmer zu schützen. Eine Betriebsvereinbarung (im folgenden BV) ist grundsätzlich schriftlich abzufassen und von beiden Seiten, also den Arbeitnehmern und der Arbeitgeberseite, zu unterzeichnen. Kommt es zu keiner Einigung, kann die Einigungsstelle angerufen werden. Eine abgeschlossene BV ist an geeigneter Stelle im Betrieb durch den Arbeitgeber öffentlich bekannt zu machen. Der BV kommt in jedem Fall normative Wirkung zu, d.h. sie wirkt als Betriebsgesetz. Im Falle einer Betriebsvereinbarung bei der Einführung eines Personal-Informationssystems müssen in erster Linie folgende Punkte geregelt werden:

- Welche Daten werden im PIS gespeichert und wie gelangen sie in das System? (Datenkomponente)
- Welche Auswertungen sollen gemacht werden und zu welchen Zwecken sollen die Daten verwendet werden dürfen? (Verwendungs- und Auswertungskomponente)
- An wen dürfen welche Daten weitergegeben werden? (Datenübermittlungskomponente)
- Wer soll das Zugriffsrecht und wer soll Zugang zu den gespeicherten Daten haben? (Zugangskomponente)
- Wer darf Einsicht in die Daten nehmen und wer soll die Kontrolle ausüben, soweit dies nicht bereits gesetzlich festgeschrieben ist? (Einsichts- und Kontrollkomponente)

Die **Datenkomponente** der Betriebsvereinbarung regelt nicht nur den Umfang und die Art der im PIS gespeicherten Daten, sondern auch die Erhebung der Daten. Im allgemeinen werden in einer Anlage zur eigentlichen BV die verwendeten Personalinformationen in einem Datenkatalog aufgeführt. Im Datenkatalog sollten jedoch nicht nur die im PIS gespeicherten Daten enthalten sein, sondern noch entsprechende Zusatzinformationen, z.B. Angaben über die Datenquelle bzw. die Datenentstehung, Angaben über die Rechtsgrundlage zur Verwendung der Daten, Angaben über die Art der geplanten Auswertungen der Daten sowie über Löschungsfristen bzw. den Zeitpunkt der Löschung. Die Aufnahme neuer Daten in den Katalog sowie die Neukombination bestehender Daten unterliegen der Mitbestimmung des Betriebsrats. Des weiteren sollten in der Datenkomponente möglichst auch die Grenzen der Datenerhebung festgelegt werden. Das Fragerecht wird ja auch nach Ansicht der Enquetekommission 'Neue Informations- und Kommunikationstechniken' bereits durch Artikel 1 und 2 GG beschränkt, auch wenn hier genauere Regelungen fehlen. Schließlich regelt eben die Betriebsvereinbarung Näheres. Zuallererst sind also die Persönlichkeitsrechte der Arbeitnehmer zu schützen. Da die Drittwirkung der Grundrechte vom Bundesarbeitsgericht bejaht wurde, müssen sie auch im Arbeitsverhältnis ihre Geltung bewahren. Eine weitere Einschränkung der Daten ergibt sich aus dem Arbeitsrecht, die den Zweck der Datenerhebung an das Arbeitsverhältnis bindet. Die Einhaltung dieser Einschränkungen unterliegt nach § 80 Abs.1 BetrVG der allgemeinen Überwachungspflicht des Betriebsrates. (7) Generelle Übereinstimmung besteht darin, "daß sich das Fragerecht des Unternehmers allein auf die Zweckbestimmung des Arbeitsverhältnisses beschränken muß. Damit scheiden z.B. Fragen nach Verwandten, Freizeitinteressen etc. aus. Weiter ist das Fragerecht im

Rahmen der Zweckbestimmung des Arbeitsverhältnisses durch das aus § 75 BetrVG entwickelte Verbot der Erfassung von Daten, die zur Diskriminierung führen könnten, beschränkt. Dies gilt vor allem für Daten über die weltanschauliche und politische Gesinnung." (8) Problematisch wird es z.B. bei Fragen zur Nationalität, zum Alter, oder zur Schwangerschaft, da diese Daten auch zur Erfüllung gesetzlicher Verpflichtungen relevant sind. Sie können aber auch zur Diskriminierung von einzelnen Beschäftigten oder Beschäftigtengruppen führen. Näheres ist hierzu in der Verwendungs- und Auswertungskomponente zu regeln.

Allerdings ist die Erhebung schutzwürdiger Daten dann zulässig, wenn der oder die Betroffene in die Erhebung und Speicherung der entsprechenden Daten einwilligt. Welche Zwänge hier entstehen können, wenn das Ausfüllen des Personalfragebogens zum Zustandekommen eines Arbeitsverhältnisses notwendig ist, zeigt z.B. die oben erwähnte Frage nach der Methode der Empfängnisverhütung einer Bewerberin. Aus dieser Tatsache ergibt sich unter anderem, daß die Grenzen des Fragerechts durch kollektive Vereinbarungen wie Betriebsvereinbarungen gesichert werden müssen. Dabei sollte ein Verbot der Erfassung besonders sensibler Daten an erster Stelle nicht nur der Forderungen, sondern auch der BVs stehen. Grundsätzlich sollte nur die Erhebung solcher Daten zulässig sein, die eine notwendige Voraussetzung zur Erfüllung des Arbeitsverhältnisses darstellen. Ein Mitbestimmungsrecht des Betriebsrates ist hier durch § 94 Abs.1 BetrVG gegeben. Doch ist auch bei diesen Daten zunächst unter Mitwirkung des Betriebsrates festzulegen, was die notwendigen Voraussetzungen zur Erfüllung des Arbeitsverhältnisses sind. Denn hierunter können z.B. auch Daten aus psychologischen Tests, Beurteilungsdaten oder betriebsärztliche Daten gehören. Bis auf die Erhebung der betriebsärztlichen Daten ergibt sich auch hier ein Mitbestimmungsrecht des Betriebsrates aus § 94 Abs.1 und 2 BetrVG. Bei den Beurteilungsdaten ist zu beachten, daß sie allein die Eignungsvoraussetzungen für einen spezifischen Arbeitsplatz oder Aufgabenbereich beinhalten, aber keine generellen Anforderungen im Hinblick auf ein übergreifendes 'Beurteilungsprofil'.

Auch die Erstellung eines allgemeinen 'Gesundheitsprofils' eines Arbeitnehmers ist nicht erlaubt, da alle über die konkrete Untersuchungsaufgabe des Arztes hinausgehenden Erkenntnisse der Schweigepflicht unterliegen. Aus § 3 Abs.1f des Arbeitssicherheitsgesetzes (ASiG) folgert Hofmann, "daß sich Mitteilungen des Betriebsarztes nur auf die gezielte Zwecksetzung einer Untersuchung beziehen können. Seine Aufgabe ist nur die Untersuchung der Eignung für einen bestimmten Arbeitsplatz, d.h. er hat eine individuelle Beratungspflicht, die er nicht durch die Abgabe genereller Eignungsaussagen umgehen kann". (9) Die Übernahme von körperlich-gesundheitlichen Daten in ein PIS sei daher grundsätzlich abzulehnen.

Kilian hält § 3 ASiG allerdings für nicht ausreichend. Er plädiert dafür, Abs.2 dahingehend zu ändern, daß Daten über Befunde, Diagnosen und Therapien nicht an das Unternehmen weitergegeben werden dürfen. Eine Mitteilung des Betriebsarztes an das Unternehmen darf "weder direkt Angaben über Krankheiten enthalten noch indirekt Merkmale, die den Schluß auf Krankheiten zulassen. Nur auf konkrete Anfragen hin sind die Ergebnisse von Eignungsuntersuchungen in zweigliedriger Form ('geeignet'/'nicht geeignet') im Hinblick auf die Verwendung eines Arbeitnehmers auf einem bestimmten Arbeitsplatz an die Personalabteilung weiterzugeben." (10) Darüber hinaus fordert Kilian ein eigenes Informationssystem in der Verantwortung des Betriebsarztes, um die von ihm erhobenen arbeitsmedizinischen Daten speichern und verarbeiten zu können. Eine Kopplung mit anderen betrieblichen Teilinformationssystemen soll nicht gestattet sein. Mit dieser Forderung würde eine Aufnahme arbeitsmedizinischer Daten in ein PIS natürlich entfallen, ebensowenig wäre eine Verknüpfung der Daten mit denen des PIS möglich. Auch die Erhebung von Daten in anderen betrieblichen Informationssystemen als dem PIS unterliegt der Mitbestimmung des Betriebsrates nach § 87 Abs.1 Ziff.1 und 6 BetrVG. Hiervon sind in erster Linie Zugangskontrollsysteme, die Telefondatenüberwachung, das Kantinenabrechnungssystem und das Betriebsdatenerfassungssystem betroffen. Hofmann weist darauf hin, daß der entsprechende Paragraph des BetrVG nach einem Urteil des Arbeitsgerichtes Frankfurt auch dann gilt, wenn die Arbeitnehmer verpflichtet sind, selbst Aufzeichnungen über ihre Tätigkeiten zu führen. (11) Die Einschränkung des Fragerechts auf die Zweckbestimmung des Arbeitsverhältnisses und die Wahrung der Persönlichkeitsrechte des Arbeitnehmers nach § 75 BetrVG gilt auch für die Aufnahme von Daten aus betriebsexternen Datenquellen in ein PIS.

In der **Verwendungs- und Auswertungskomponente** einer Betriebsvereinbarung müssen konkrete Regelungen getroffen werden, die bestimmte Verwendungen und Auswertungsmöglichkeiten der gespeicherten Daten ausschließen. Generell sollte in die BV ein Verbot des Erstellens von Profilvergleichen, Beurteilungs- und Leistungsprofilen, insbesondere Persönlichkeitsprofilen aufgenommen werden. Die Notwendigkeit derartiger Regelungen ergibt sich unter anderem aus den

Mitwirkungsrechten des Betriebsrates bei personellen Einzelmaßnahmen (§§ 99 und 102 BetrVG) sowie bei den Auswahlrichtlinien für Einstellungen, Versetzungen, Umgruppierungen und Kündigungen (§ 95 BetrVG). Bei den Verarbeitungsmöglichkeiten, die ein PIS bietet und die für die Arbeitnehmer größtenteils undurchschaubar bleiben, ist die Aufnahme o.g. Verbotes dringend geboten. Darüber hinaus sollte ein Verbot jedweder Verknüpfung der in einem Personal-Informationssystem gespeicherten Daten mit denen aus anderen betrieblichen Informationssystemen in die BV aufgenommen werden. Allein die Existenz multifunktionaler Verknüpfungsmöglichkeiten in einem PIS schließt eine Regelung, in der einzelne Verknüpfungsmöglichkeiten gestattet sind, aus. Denn eine Kontrolle wäre hier nur schwer durchzuführen.

Es ist zu überlegen, ob nicht generell die Verarbeitung der gespeicherten Daten zu anderen Zwecken als der Lohn- und Gehaltsabrechnung und den gesetzlichen Verpflichtungen gegenüber Dritten zu verbieten ist.

In der **Datenübermittlungskomponente** einer Betriebsvereinbarung ist zu regeln, welche Daten an wen weitergegeben werden dürfen. Dabei sollte die Übermittlung von gespeicherten Personalinformationen an Dritte, sofern die Unternehmensleitung nicht aufgrund einer Rechtsnorm zur Auskunftserteilung und Weitergabe verpflichtet ist, grundsätzlich verboten werden. Dies schließt die Weitergabe von Daten an spätere Arbeitgeber sowie an öffentliche und private Stellen ein. Für diesen Zusammenhang wichtig ist der Hinweis von Koch, daß für überbetriebliche Personal-Informationssysteme die Regelung gilt, daß bei einheitlicher Einführung eines PIS in einem gesamten Konzern und nicht nur im einzelnen Betrieb, bei jeder Datenspeicherung zugleich auch Datenübermittlung im Sinne von § 26 Bundesdatenschutzgesetz (BDSG) vorliegt. Dies gelte unabhängig davon, ob die Speicherung nur im betriebsinternen Speicher erfolgt und dann dem Zugriff anderer Konzernteile offensteht oder von vornherein in einen Zentralspeicher eingegeben wird. (12)

Eine Ausnahme vom Verbot der Weitergabe der Daten an Dritte ist dann zulässig, wenn der betroffene Arbeitnehmer seine Einwilligung zur Weitergabe der Daten schriftlich erteilt hat. Diese Einwilligung wird jedoch meist bereits bei Abschluß des Arbeitsvertrages gegeben, sie gehört zum sogenannten Kleingedruckten des Vertrages. Von einer 'freiwilligen' Einverständniserklärung kann daher nur mit Vorsicht gesprochen werden.

Die **Zugangskomponente** einer Betriebsvereinbarung regelt den Zugriff auf die gespeicherten personenbezogenen Daten. Die Arbeitnehmervertreter sollten hierbei darauf achten, daß nur wenigen Mitarbeitern der Personalverwaltung der Zugriff gestattet ist. Dem Betriebsrat sollte generell keine Zugriffsmöglichkeit eingeräumt werden, außer einigen Betriebsräten zu Prüfzwecken, um die Arbeit der Personalverwaltung dahingehend zu kontrollieren, ob Mißbrauch mit den gespeicherten Daten bzw. den geregelten Verwendungsmöglichkeiten betrieben wurde. Der Zugang wird im allgemeinen über Codes geregelt. Doch sicher sind die nicht, jeder Code ist zu knacken, einen perfekten gibt es nicht. Zwar werden sie immer ausgeklügelter, doch erhöht sich damit nur der Zeitaufwand, um auch den komplizierteren Code zu knacken. Wie wenig zuverlässig derartige Methoden der Absicherung sind, zeigen die zunehmenden Pressemeldungen über sogenannte "Hacker", die von ihrem Kleincomputer zu Hause aus in fremden Datenbanken herumwandern. Auch ein noch so ausgeklügeltes Zugangssystem ist nicht absolut sicher.

In der **Einsichts- und Kontrollkomponente** werden in erster Linie die speziellen Möglichkeiten der kollektiven Einsicht und Kontrolle geregelt. Denn nach dem Bundesdatenschutzgesetz (BDSG) gibt es nur individuelle Möglichkeiten der Kontrolle. Im Rahmen einer Betriebsvereinbarung muß dem Betriebsrat das Recht zugestanden werden, jederzeit Stichproben zu machen und Personalinformationen, Datenbestände und Programme auf ihre festgelegte Verwendung und die Einhaltung des Datenschutzes zu kontrollieren. Diese Rechte lassen sich aus § 75 BetrVG sowie die §§ 80 Abs.1 Ziff.1 und 83 Abs.1 BetrVG herleiten. Nach § 83 Abs.1 BetrVG hat jeder Arbeitnehmer das Recht auf Einsicht in seine Personalakte. Dieses Recht erstreckt sich auf die gesamte materielle Personalakte (also auch Aufzeichnungen zur Person, die sich nicht in der Akte selbst befinden). Auf ein PIS bezogen heißt dies dann, daß auch die in anderen Informationssystemen erhobenen personenbezogenen Daten dem Einsichtsrecht unterliegen. Nach § 83 Abs.1 Satz 2 hat ein Arbeitnehmer jederzeit das Recht, ein Betriebsratsmitglied bei der Einsichtnahme hinzuzuziehen. Die Einsichtnahme ist kostenlos. Gleiches gilt übrigens im öffentlichen Dienst nach § 13 Bundesangestelltentarif (BAT). Da die Einsicht in einem PIS nur durch Ausdruck des Datensatzes erfolgen kann, darf auch dies zu keinen Kosten für den Arbeitnehmer führen. Koch führt zum Einsichtsrecht noch aus: "Grundsätzlich ist darauf hinzuweisen, daß gem. § 45 Satz 2 Nr. 5 BDSG (beispielhafte Aufzählung) die entsprechenden Regelungen des Betriebsverfassungsgesetzes Vorrang vor den Datenschutzregelungen haben. Dies gilt aber nur insofern, als sie ausdrückliche Regelungen über Einsichtsrechte normieren. Überall da, wo Bestimmungen des Betriebsverfassungsgesetzes keine ausdrücklichen Regelungen über Einsichtsrechte bestimmen, kommen die Regelungen des BDSG wieder zur Geltung." (13)

Generell ist somit bei einem Personal-Informationssystem § 83 Abs.1 BetrVG durch den § 26 des **Bundesdatenschutzgesetzes** (BDSG) zu ergänzen. Allerdings ist darauf hinzuweisen, daß die in § 26 BDSG gemachten Einschränkungen des Einsichtsrechts nicht im Arbeitsverhältnis gelten. Es muß also jederzeit prinzipiell Einsicht in die Personaldaten gewährt werden. Zudem gilt auch für das Arbeitsverhältnis § 26 Abs.1 BDSG, wonach jede erstmalige Speicherung von Daten dem Arbeitnehmer mitgeteilt werden muß. Meist hat der Beschäftigte jedoch schon bei Abschluß des Arbeitsvertrages Kenntnis über die gespeicherten Daten.

Bei Personal-Informationssystemen gilt generell: "Bei jeder **erstmaligen** Speicherung von Arbeitnehmerdaten (also auch die **Neukombination** von vorhandenen Daten und **Speicherung** der neukombinierten Daten) muß der betroffene Arbeitnehmer benachrichtigt werden, da hier keinesfalls von seiner Kenntnis ausgegangen werden kann." (14) Dieser Pflicht kommen die Arbeitgeber jedoch nur in den seltensten Fällen nach. Deshalb sollte in einer Betriebsvereinbarung zumindest eine periodische Berichtspflicht des Arbeitgebers an den einzelnen Arbeitnehmer festgelegt werden. Allgemein sollte das Individualrecht der Einsichtnahme in die Personalakte bzw. die personenbezogene Datensammlung im Sinne der materiellen Personalakte in einem PIS nicht durch kollektivrechtliche Regelungen in einer Betriebsvereinbarung (z.B. generelles Einsichtsrecht des Betriebsrates) ersetzt werden. Denn die Daten des Arbeitnehmers sind nicht nur gegenüber dem Arbeitgeber schützenswert, sondern auch gegenüber dem Betriebsrat.

Eine Betriebsvereinbarung sollte nur Regelungen bezüglich der Kontrolle durch den Betriebsrat enthalten. Neben dem Betriebsrat unterliegt die Kontrolle des Datenschutzes dem betrieblichen Datenschutzbeauftragten, wozu ihn § 29 BDSG verpflichtet. Im übrigen unterliegt die Bestellung des betrieblichen Datenschutzbeauftragten nach einem rechtskräftigen Urteil des Landesarbeitsgerichtes München der Mitbestimmung durch den Betriebsrat. (15) Aufgrund der Fürsorgepflicht des Arbeitgebers muß er die Berichtigung der gespeicherten Daten des Arbeitnehmers zulassen. Nach § 83 Abs.2 BetrVG hat der Arbeitnehmer das Recht, jederzeit Erklärungen zum Inhalt seiner Personalakte hinzuzufügen. Allerdings ist mit einer bloßen Hinzufügung von zusätzlichen Erklärungen noch keine Richtigstellung falscher Daten im PIS erreicht. Daraus ergibt sich, daß § 83 Abs.2 BetrVG nicht den Berichtigungsanspruch nach § 27 BDSG verdrängt. Besteht Unklarheit über die Richtigkeit der gespeicherten Daten, so besteht nach § 27 Abs.2 Satz 1 BDSG die Möglichkeit, die betreffenden Daten sperren zu lassen. Dieser Anspruch auf Sperrung ergibt sich ebensowenig wie der Anspruch auf Löschung der Daten unmittelbar aus dem Betriebsverfassungsgesetz, so daß auch hier das Bundesdatenschutzgesetz zur Anwendung kommt. Nach § 4 BDSG hat der Betroffene das Recht, Daten löschen zu lassen, wenn ihre Speicherung unzulässig war oder die Erfüllung der Voraussetzungen für die Speicherung wegfallen. Aus diesem allgemeinen Recht und den besonderen Regelungen des § 27 Abs.3 Satz 2 Fall 2 in Verbindung mit Abs.2 Satz 2 BDSG ergibt sich für den betroffenen Arbeitnehmer das Recht auf Löschung aller über ihn gespeicherten Daten nach Beendigung seines Arbeitsverhältnisses. Jeder Beschäftigte sollte davon unterrichtet sein, daß er die Löschung seiner Daten beim alten Arbeitgeber verlangen kann. (16) Nach § 94 Abs.1 BetrVG kann auch der Betriebsrat die Löschung unzulässig gespeicherter Daten verlangen.

Unter Ausschöpfung all dieser Bestimmungen aus dem Betriebsverfassungsgesetz und dem Bundesdatenschutzgesetz kann sich eine Betriebsvereinbarung ergeben, die die Rechte der Arbeitgeber zur Verarbeitung personenbezogener Daten weitgehend beschneidet. In der Praxis der Betriebsvereinbarungen werden diese Möglichkeiten jedoch selten voll ausgeschöpft. Denn einerseits sind die Arbeitgeber nicht bereit, derart weitgehende Forderungen in einer BV zu akzeptieren, so daß es dann zu einer Entscheidung der Einigungsstelle kommt. Der Spruch der Einigungsstelle wird dann andererseits einen Kompromiß darstellen, der in diesem Fall zum besonderen Vorteil der Arbeitgeber ausfällt, zumal die herrschende Rechtsauffassung dem entspricht. Doch auch für den Fall, daß alle Forderungen der Arbeitnehmerseite in eine Betriebsvereinbarung eingegangen sind, ergeben sich noch die besonderen Probleme der Überwachung und Kontrolle des Personal-Informationssystems durch den Betriebsrat. Wie viele Fälle bereits gezeigt haben, ist eine Kontrolle durch den Betriebsrat praktisch nicht möglich, auch der betriebliche Datenschutzbeauftragte kann hier keine Abhilfe schaffen. Zudem unterliegt jede Erweiterung des PIS zusätzlichen Bestimmungen bzw. die Einführung anderer computergestützter Informationssysteme gesonderten Vereinbarungen. Die Kontroll- und Überwachungsaufgaben des Betriebsrates wachsen damit ins Unermeßliche.

Allgemein kann festgehalten werden, daß eine auch noch so gute Betriebsvereinbarung nicht vor Mißbrauch des Personal-Informationssystems durch die Arbeitgeber schützt. Werden Mißbrauchsfälle bekannt, so besteht nur die Möglichkeit, die BV fristlos zu kündigen. Nach der Kündigung gelten dann meistens allerdings die alten Regelungen weiter; solange bis dann einerseits neue Verhandlungen über eine für die Arbeitnehmer günstigere Betriebsvereinbarung zu einem Abschluß kommen (doch gelten hierfür wieder die gleichen Kritikpunkte). Andererseits bestünde nach der Kündigung der BV die Möglichkeit, eine einstweilige Verfügung gegen den Betrieb des Personal-Informationssystems zu erwirken. Doch steht die gängige Gerichtspraxis nach herrschender Meinung dem entgegen. Was generell fehlt, sind konkrete Sanktionsmöglichkeiten für die Arbeitnehmerseite bei Mißbrauch durch den Arbeitgeber. Daher ist zu überlegen, ob die Arbeitnehmer bei der Einführung eines Personal-Informationssystems ihre gesetzlichen Mitbestimmungsrechte nutzen sollen, um eine Betriebsvereinbarung abzuschließen, oder ob sie entscheiden, sich mit anderen Mitteln gegen die Einführung eines PIS zu wehren.

Auf allen Ebenen:
nein zu Personal-Informationssystemen

Auf dem Hintergrund der vielfältigen Probleme, die sich bei der Einführung eines Personal-Informationssystems in den Betrieben und öffentlichen Verwaltungen ergeben, gestaltet es sich sehr schwierig, einheitliche Strategien für die Gegenwehr zu entwickeln. So herrschen in jedem Betrieb unterschiedliche Bedingungen, die von Fall zu Fall auch ein unterschiedliches Vorgehen erfordern; (wird das PIS z.B. nur in einem Werk oder im Gesamtbetrieb bzw. auf Konzernebene eingeführt?) Aufgrund der schlechten Informationslage in den Betrieben über neue Technologien kommt es zu einer starken Zersplitterung der Kräfte der Arbeitnehmervertreter. Denn einerseits muß die Belegschaft erst einmal über das Problem PIS informiert werden; andererseits müssen aber gleichzeitig konkrete Gegenmaßnahmen eingeleitet werden, um das 'Schlimmste' zu verhindern. Erfolg versprechen die Gegenmaßnahmen jedoch wiederum nur, wenn die Belegschaft dahinter steht. Nur in wenigen Fällen (z.B. bei Opel oder Daimler) gelingt es, die Öffentlichkeit in die Auseinandersetzungen mit einzubeziehen. Denn oft noch wird die Einführung eines PIS als nur betriebsinternes Problem betrachtet. Diese Sichtweise greift jedoch zu kurz und versperrt den Weg zu langfristigen Perspektiven und einer Mobilisierung gegen Personal-Informationssysteme über die rein betriebliche Ebene hinaus. Schließlich werden wir alle in unterschiedlicher Weise nach und nach von der Verdatung aller Lebensbereiche ergriffen. Ein PIS stellt in diesem Prozeß nur einen Mosaikstein bei der Vernetzung der Gesellschaft durch Informationstechniken dar. Auch deshalb sollten die Arbeitnehmervertretungen bei den Auseinandersetzungen um PIS nicht allein gelassen werden. Eine Sensibilisierung für die Gefahren der Informationstechniken ist folglich auf breiter Ebene anzustreben. Nicht zuletzt, weil das Problem der Einführung von Informationstechniken keine rein technische Frage ist, sondern auch eine Frage von Macht- und Herrschaftsverhältnissen. Die politische Seite der Diskussion um die Einführung von PIS muß daher auch in anderen gesellschaftlichen Bereichen vorangetrieben werden, parallel zu Diskussionen und Gegenmaßnahmen auf betrieblicher und gewerkschaftlicher Ebene.

Auf Gewerkschaftsebene ist die Sensibilisierung für die Probleme und Gefahren der Informationstechniken im allgemeinen und der

Personal-Informationssysteme im besonderen inzwischen soweit fortgeschritten, daß der DGB und einige Einzelgewerkschaften sowie die DAG ein Verbot von PIS gefordert haben.

Als Ende der 60er, Anfang der 70er Jahre in zahlreichen Betrieben die Umstellung der Lohn- und Gehaltsabrechnungen auf computergestützte Verfahren erfolgte, sahen die Gewerkschaften - außer der befriedigenden Lösung der Lohnzahlungsmodalitäten und entstehender Bankkosten - zunächst keine schwerwiegenden Probleme. (1) Auch die ersten Einführungen von Personal-Informationssystemen führten zu keiner grundsätzlichen Diskussion innerhalb der Arbeitnehmervertretungen. In den Betrieben selbst erkannte man die Folgeprobleme häufig noch nicht. Die breite Diskussion über Fragen des Datenschutzes setzte im Vorfeld der Verabschiedung des Bundesdatenschutzgesetzes (BDSG) Mitte der 70er Jahre ein (verabschiedet wurde das Gesetz 1976, in Kraft ist es seit dem 1.1.1978). Die Bestimmungen des BDSG zielen auf eine ganz individuelle Wahrnehmung der (äußerst dürftigen) Schutzrechte jedes einzelnen; und so trug auch die gewerkschaftliche Diskussion zum Datenschutz den Mängeln des individuellen Datenschutzes Rechnung und forderte Verbesserungen in diesem Bereich. Gleichzeitig aber wurde deutlich, welche Entwicklungen inzwischen auf betrieblicher Ebene stattgefunden hatten. In einer Entschließung des IG Metall-Gewerkschaftstages 1977 hieß es: "Verschärft wird diese Entwicklung durch einen besonderen Anwendungsfall der computergestützten Informationssysteme - der Personalinformationssysteme. ... Es besteht die reale Gefahr
- der totalen Kontrolle und Überwachung der Leistung und des persönlichen Verhaltens der Arbeitnehmer an ihren Arbeitsplätzen
- der gezielten Auslese von Arbeitnehmern, nach für Außenstehende nicht mehr zu durchschauenden Kriterien (z.B. politische Merkmale)
- der Analyse von Persönlichkeitsstrukturen, wodurch völlig neue Manipulationsmöglichkeiten 'erschlossen' werden
- der 'Langzeitüberwachung von Arbeitnehmern' durch jahre-bzw. jahrzehntelange Speicherung von Arbeitnehmerdaten usw.

Datenmißbrauchsmöglichkeiten haben also eine neue Dimension erreicht. Umfassender Datenschutz wird damit zu einer unabdingbaren Forderung im Arbeitnehmerinteresse." (2)

Der Schwerpunkt der Vorschläge und Forderungen lag zwar zu dieser Zeit auf dem Aspekt des zu verbessernden individuellen Datenschutzes; gleichzeitig aber begann auch die Diskussion über eine offensive Nutzbarmachung des Betriebsverfassungsgesetzes zur Regelung der Mitbestimmung in dieser Frage. 1977 gab es beispielsweise bereits eine Musterbetriebsvereinbarung zum Thema Personalinformationssysteme bei der Industriegewerkschaft Chemie Papier Keramik (IG CPK).

Breite Beachtung, auch in der außergewerkschaftlichen Öffentlichkeit, fanden die Auseinandersetzungen zur Einführung von 'ISA' bei Daimler Benz (1977). Hier stieß ein PIS auf massive Gegenwehr von seiten der Belegschaft; zugleich wurde aber auch erstmals deutlich, daß die Vorstellungen über Ziel und Organisation der Abwehr eines PIS durchaus nicht einheitlich waren. Spätestens seit dem 'Fall Daimler' ist das Thema Personalinformationssysteme zum Dauerbrenner geworden. Nach und nach wurde bekannt, wo überall schon PIS installiert waren - teilweise sogar von den Arbeitnehmervertretungen unbemerkt. Zudem wurde auch langsam klar, daß mit der technischen Verbesserung und Weiterentwicklung der Systeme immer undurchschaubarere Anwendungsmöglichkeiten für die Unternehmen entstanden; auch die Auswertung der Erfahrungen mit bestehenden Systemen verdeutlichte die Gefahren. Die Verknüpfungsmöglichkeiten von PIS traten erst jetzt durch die Einführung weiterer Kontrollsysteme als ein zentraler Gefahrenpunkt in den Vordergrund der Diskussion (das hartumkämpfte ISA z.B. war bei Daimler nur der Anfang gewesen).

Die Konsequenz aus der Diskussion aller Gefährdungsbereiche war die Einschätzung, daß gegen Systeme wie PIS grundsätzlicher vorgegangen werden muß: Die ÖTV beschloß auf ihrem 9. Ordentlichen Gewerkschaftstag 1980:
"1. Die Einführung bzw. weitere Anwendung von Personalinformationssystemen wird abgelehnt.
2. Deshalb sind alle vorbereitenden Arbeiten zur Einführung von Personalinformationssystemen wie z.B. von automatisierbaren Beurteilungssystemen, Befähigungsprofilen, die Erarbeitung von automatisierbaren Stellenanforderungsprofilen, sowohl auf betrieblicher als auch auf überbetrieblicher Ebene zu verhindern.
3. Bereits bestehende Personalinformationssysteme bzw. Teile solcher Systeme, sind abzuschaffen. Die Vernichtung dieser Daten ist von betrieblichen und gewerkschaftlichen Interessenvertretern zu überwachen. ..." (3)

1982 dann bezog auch der DGB-Bundeskongreß eindeutig Stellung zu Personalinformationssystemen: "Der DGB-Bundesvorstand wird beauftragt, mit allen geeigneten Mitteln darauf hinzuwirken, daß unter Berücksichtigung von Persönlichkeitsrechten und aufgrund der Würde des Menschen in der Arbeitswelt langfristig automatisierte

Personalinformationssysteme einschließlich solcher Teilsysteme und Datensammlungen, die zu solchen umfassenden Systemen ausgebaut werden sollen, verboten werden. ..." (4)

Die Radikalität dieses Beschlusses darf jedoch nicht darüber hinwegtäuschen, daß ein ähnlich radikales Bewußtsein in der Basis und auch in der mittleren Hierarchie der Einzelgewerkschaften noch nicht verankert ist. Dies erschwert dann natürlich im konkreten Fall eine einheitliche Vorgehensweise gegen PIS. Zu den Gründen sagt Elisabeth Bähr: "Personalinformationssysteme sind immer nur örtlich in der Debatte, das heißt nur in dem Betrieb, in dem die Einführung ansteht, und in der jeweiligen Kreisverwaltung der Gewerkschaft. Es gibt zwar eine Menge Literatur zu diesem Thema, vor allem auch der Gewerkschaften. Aber es fehlt eine gemeinsame Vorgehensweise, wie das Verbot von Personalinformationssystemen durchzusetzen ist."- (5) Auch die Einzelgewerkschaften untereinander sind sich keineswegs einig in der Frage, wie Personal-Informationssysteme abgewehrt werden können. Darüber hinaus besteht das Problem, daß PIS im Rahmen der Einführung neuer Informationstechniken im Betrieb häufig nur die Spitze des Eisbergs darstellt. Mal ist es ein PIS, mal ein Betriebsdatenerfassungssystem, mit dem die Informatisierung der Betriebe begonnen wird. Nicht alle Systeme heißen auch PIS, und doch können personenbezogene Daten mit ihnen erhoben werden. Ein entscheidender Gefährdungsfaktor ist gerade die Verknüpfbarkeit einzelner in den Betrieben eingesetzter Informationssysteme. Zudem führen die Unternehmensleitungen diese Systeme meist scheibchenweise ein; was vielleicht mit der Telefondatenüberwachung anfängt, endet mit einem kompletten Management-Informationssystem.

Diese Zusammenhänge und Gefahren lassen sich natürlich nicht allein durch eine Verbotsforderung für PIS lösen. Der Rahmen, der umfassender greifen könnte, wäre ein Verbot der computergestützten Verarbeitung von Arbeitnehmerdaten. In diesem Zusammenhang ist eine Verbotsforderung für Personal-Informationssysteme jedoch von zentraler Bedeutung, da hier alle personenbezogenen Daten zusammenfließen können. In vielen Diskussionen und in der Praxis der Auseinandersetzungen um die Einführung von Personal-Informationssystemen hat sich zudem gezeigt, daß einzelne Gewerkschafter die Verbotsforderung für unrealistisch halten oder sie als 'Lippenbekenntnis' werten. Bisher haben die Gewerkschaften allerdings auch konkrete Maßnahmen zur Durchsetzung des Verbots vermissen lassen. Es ist klar, daß sich die Belegschaften betroffener Betriebe nicht mit einer langfristigen Verbotsforderung 'trösten' können: denn im konkreten

Einzelfall müssen schnell Maßnahmen getroffen werden. Trotzdem darf aber die Verbotsforderung nicht als 'leere Hülse' - abgehoben von jeder betrieblichen Realität - zu den Akten gelegt werden. Wenn man diese Verbotsforderung ernst nehmen will, muß sie konkrete Auswirkungen auf die Zielrichtung betrieblicher Gegenwehr haben. Das heißt: Ziel der betrieblichen Gegenwehr muß die Verhinderung der PIS-Einführung sein, nicht der sofortige Einstieg in die Mitbestimmung. Das erfordert eine grundsätzlich andere Vorgehensweise, als wenn man auf der Schiene der Mitbestimmung versucht, das PIS in einzelnen Punkten zu beschneiden. Die Gegenwehr muß wie im Fall Bielefeld auf breiter Ebene organisiert werden; Vertrauensleute und Belegschaft müssen aktiv werden, um klarzumachen, auf welch massiven Widerstand die Einführung eines PIS stößt. Briefs sieht hierfür bereits erste Ansätze: "In der betrieblichen Arbeit der Gewerkschaft wird mehr und mehr - aus tiefer Enttäuschung über die Unzulänglichkeiten des Betriebsverfassungsgesetzes und anderer rechtlicher Vorschriften heraus und aus der Einsicht in die Beschränkungen betrieblicher gewerkschaftlicher Aktionen durch die Mitbestimmung, z.B. durch Einigungsstellen-Verfahren auf dem Gebiet der informationstechnologischen Entwicklung, eine (noch diffuse) Neuorientierung auf nichtrechtliche Praktiken, auf eine autonome gewerkschaftliche Politik in den Betrieben, auf die Schaffung eben angemessener betrieblicher Unruhe in der Auseinandersetzung mit den Informationstechnologien und den sie prägenden Kräften erkennbar." (6) Diese betriebliche Unruhe ist jedoch nur auf der Basis umfassender Information der Belegschaften und der konsequenten Unterstützung durch die Gewerkschaften möglich. Erst damit entsteht die Basis für die Abwehr einer PIS-Einführung. Selbst wenn die Verhinderung nicht gelingt, ist eine solch breite Mobilisierung die beste Rückendeckung für offensive Forderungen in den langwierigen, zähen Verhandlungen eines Mitbestimmungsverfahrens. In einem derartigen Verfahren sollten die Arbeitnehmervertretungen ihre Maximalforderungen (abgeleitet aus einer offensiven Auslegung der rechtlichen Bestimmungen) zur Gestaltung und Kontrolle eines PIS zum Gegenstand der Verhandlungen machen; Abstriche bei den eigenen Forderungen von Anfang an, um ein 'durchsetzbares' Konzept vorlegen zu können, führen nur zur Schwächung der eigenen Position.

Es ist zu überlegen, ob die Gewerkschaften nicht die Verbotsforderung für Personal-Informationssysteme oder den gesamten Bereich der Verarbeitung personenbezogener Daten im Betrieb zum Thema von Tarifverhandlungen machen sollten. Denn durch eine tarifrechtliche Regelung würde die Gegenwehr in den einzelnen Betrieben erleichtert: andererseits wären bei Verstößen seitens der Arbeitgeber andere Sanktionsmöglichkeiten gegeben. (7) Die Verbotsforderung für PIS richtet sich an die Adresse des Gesetzgebers. Reagieren wird der jedoch vermutlich erst, wenn auch auf der gesamtgesellschaftlichen Ebene diesem Verlangen Nachdruck verliehen wird. Erste Ansätze dazu sind bereits vorhanden. Einige Gruppierungen außerhalb der Betriebe und Gewerkschaften - obwohl auch von Gewerkschaftsmitgliedern frequentiert - beschäftigen sich in erster Linie aus einem Interesse an übergeordneten Zusammenhängen mit der Problematik der Informationstechnologien. Anti-Kabelgruppen machen gegen die Verkabelung der Bundesrepublik mobil, aus der Bewegung zum Volkszählungsboykott sind Gruppen hervorgegangen, die sich z.B. mit dem computerlesbaren Personalausweis, mit dem Melderecht etc. beschäftigen. Auch in den Bereichen, in denen Computerfachleute und Informatiker tätig sind, mehren sich die kritischen Stimmen. In erster Linie aus dem universitären Bereich kommen die Mitarbeiter der in verschiedenen Städten vorhandenen Wissenschaftsläden und verschiedener Arbeitskreise zu Rationalisierungsproblemen. Diese Gruppen setzen sich kritisch mit der gegenwärtigen Informatikausbildung und den sozialen Folgen der Informationstechniken auseinander. Sie wollen ihr Wissen aber nicht im Forschungsbereich belassen, sondern bieten Betroffenen ihre Kenntnisse und Ergebnisse als Hilfestellung an.

Aber auch in der Computerindustrie und verschiedenen Anwenderbetrieben haben sich Beschäftigte zusammengeschlossen. Als Beispiel sei hier die Interessengemeinschaft EDV (IG-EDV) genannt: "Aktive Mitglieder sind in der EDV beschäftigte Arbeitnehmer, die zusammen mit ihren Kollegen die Probleme ihrer Arbeitsumgebung zu lösen versuchen." (8) Dabei geht es ihnen nicht nur um innerbetriebliche Probleme, sondern auch um die Auswirkungen und Gefahren der Computertechnologie in allen Lebensbereichen. "Bei uns begann es mit Befürchtungen, Ängsten, Bedenken, Nato-Doppelbeschluß und Friedensdemonstration in Bonn, Taschenrechner für Schüler und computergesteuerte Raketen, 'Global 2000' und 'Bericht an den Club of Rome'. Skrupel sind ja erst einmal so etwas Vages!
- Menschen werden arbeitslos.
- Berufe werden zerstört: Setzer und Drucker, Versicherungskaufleute, Bibliothekare werden zu Computer-Bedienern.
- Arbeit an Computern macht nicht nur müde, sie macht den Menschen kaputt, sie erzeugt größere Arbeitshetze, mehr Überwachung.

- Raketen und Atombomben werden von Computern gesteuert, um Menschen, um uns selbst, zu töten.
- Konzerne können riesiger und politisch mächtiger werden, weil der Verwaltungsapparat und die Kontrolle per Computer vorgenommen werden.
- Personalinformationssysteme (ISA, IVIP, PAISY, PSI), nachrichtendienstliches Informationssystem (NADIS), Informations-und Auskunftssystem der Polizei (INPOL) sind bereits Orwell-Technologien.

Solange Skrupel individuell bleiben, gehen sie schnell wieder unter." (9)

Deshalb versucht die IG-EDV, mit anderen Gruppierungen zu kooperieren, um eine Lösung der anstehenden Probleme voranzutreiben. Im Sommer 1982 trafen sich verschiedene Gruppen und Einzelpersonen, "um eine breite Diskussion zur Verhinderung von Personalinformationssystemen in Gang zu setzen." Denn: "Mit betriebsverfassungsrechtlichen Instrumentarien ist diese Problematik von den Kollegen im Betrieb nicht zu lösen. Dies geht nur noch Hand in Hand mit einer politisch engagierten Öffentlichkeit." (10) Die Veranstaltung stand unter dem Motto eines auch vorher veröffentlichten Aufrufes mit der klaren Forderung: "Nein - zu Personalinformationssystemen." (Der Aufruf ist im Anhang dokumentiert.)

Der Hamburger Gruppe 'Nein zu Personalinformationssystemen' geht es in erster Linie darum, zum Thema PIS zu informieren. Sie wollen mit phantasievollen Aktionen die politisch engagierte Öffentlichkeit für dieses Thema interessieren. "Mit Texten aus Science-Fiction-Romanen, Unternehmerzitaten, kurzen Scetchen, Video-Filmen, Dias und einer Ausstellung glauben wir, die kommende Entwicklung deutlicher darstellen zu können als durch herkömmliche Podiumsdiskussionen und Referate." (11) Stellvertretend für viele andere Gruppen formuliert die Gruppe SPINAD (Stader Arbeitskreis Personal-Informationssysteme, Nachrichtentechniken, Automation, Datenschutz) ein generelles Problem bei der Mobilisierung gegen PIS: "Die Schwierigkeit für SPINAD besteht darin, zwar die negativen Folgen von PIS in allen Einzelheiten schildern und belegen zu können, einschließlich der Vernetzung (Bildschirmtext/Personalausweis/Bundessozialdatenbank), andererseits keine konkreten Handlungsalternativen für die Betroffenen anbieten zu können." (12)

Was ist also zu tun? Um den Maßnahmen zur Durchsetzung eines Verbots von Personal-Informationssystemen langfristig zum Erfolg zu verhelfen, erscheint ein paralleles Vorgehen in den Betrieben, den Gewerkschaften und auf der gesellschaftlichen Ebene sinnvoll. Ein erster Schritt dazu ist es, das Problem PIS nicht nur als betriebliches oder gewerkschaftliches zu betrachten, sondern als Teil eines politischen Kampfes für bessere Lebensverhältnisse. Dazu ist es notwendig, die ersten vorhandenen Ansätze der Zusammenarbeit von Gruppen aus den unterschiedlichsten Bereichen auszuweiten und zu fördern. Die Forderung an den Gesetzgeber, ein Verbot der Verarbeitung personenbezogener Daten in computergestützten Informationssystemen gesetzlich zu regeln, bedarf der Unterstützung in allen gesellschaftlichen Bereichen.

Die Verbotsforderung ernstzunehmen, hieße in den Betrieben, die Einführung von Personal-Informationssystemen und anderen computergestützten Informationssystemen zu verhindern, sowie den Betrieb und den Ausbau bereits bestehender Systeme zu behindern. Ein erster Schritt dazu ist es, eine Bestandsaufnahme bestehender Informationssysteme zu machen und darüber Vereinbarungen abzuschließen; gegebenenfalls kann auch eine Forderung nach Abschaffung der Systeme sinnvoll sein. Es ist denkbar, jede Verhandlung über neue Systeme zu verweigern, solange nicht über bestehende entschieden ist. Noch sind die Systeme nicht perfekt. Längst nicht alle denkbaren und hier beschriebenen Verknüpfungsmöglichkeiten sind verwirklicht. Noch ist es nicht zu spät, die öffentliche Diskussion voranzutreiben und eine Gegenwehr auf breiter Basis zu organisieren.

Alles unrealistisch? Traumtänzer? Wir sollten uns von den 'Realisten', die uns Personal-Informationssysteme und andere computergestützten Informationssysteme vor die Nase setzen wollen, nicht in der offensiven Formulierung der eigenen Interessen behindern lassen.

Anmerkungen

Computer auf dem Vormarsch

1 Vergleiche P. Brödner/D. Krüger/B. Senf: Der programmierte Kopf - eine Sozialgeschichte der Datenverarbeitung, Berlin 1981; sowie R. Keil: Die neue Waffe - der Computer, in: Wechselwirkung 17/1983

2 Die Zentraleinheit eines Computers besteht aus dem Arbeitsspeicher, dem Steuerwerk und dem Rechenwerk. Im Arbeitsspeicher werden die Daten gespeichert, das Steuerwerk steuert und kontrolliert den Informationsfluß, und das Rechenwerk führt die eigentlichen Operationen durch. Das der Computertechnologie zugrundeliegende Denken beruht darauf, Vorgänge und Prozesse in entscheidungsfähige logische Wenn-Dann-Beziehungen zu bringen. Rechnerisch geschieht dies mit der Umsetzung der Informationen in das duale oder binäre Zahlensystem. Gegenüber dem Dezimalsystem besitzt es den Vorteil, daß alle Zahlenrechnungen auf eine Grundoperation mit Ja-Nein-Werten zurückgeführt werden können, also z.B.: die Zustände 'Strom fließt/Strom fließt nicht'. Der erste Zustand wird mit einer 1 bezeichnet, der zweite mit einer 0. Alle in den Computer eingegebenen Daten müssen als Folge von Nullen und Einsen dargestellt werden, also im 'Sinne' des Computers berechenbar sein. Vergleiche dazu J. Friedrich/F. Wicke/W. Wicke: Computereinsatz: Auswirkungen auf die Arbeit, Reinbek 1982; sowie W. Siebel/V. Röske: Der Computer kommt - Erfahrungen mit den neuen Informationstechnologien, in: Ästhetik und Kommunikation Heft 43/1981

3 Vergleiche P. Brödner/D. Krüger/B. Senf, a.a.O., S. 41ff

4 Ein 'Chip' ist ein Siliziumkristallplättchen, auf dem z.Z. bis zu hunderttausend Transistoren, Kapazitäten und Widerstände einer elektronischen Schaltung enthalten sind. Vergleiche P. Brödner/D. Krüger/B. Senf, a.a.O., S. 176; sowie zur Mikroelektronik allgemein auch J. Dünnwald: Computer im Alltagsleben, in: N. Müllert (Hrsg.): Schöne elektronische Welt, Reinbek 1982, S. 65 ff

5 H. Kubicek: Soziale Folgen der Verkabelung - Absehbares für Betriebe und Haushalte, in: medium 9/1983, S. 11

6 Das entspricht in etwa einer Informationsmenge von 2,24 Milliarden bit. Bit ist die Abkürzung für 'binary digit'; die kleinste Informationseinheit für die Darstellung binärer Zustände. Die Glasfaser ist ein Leiter, bei dem Informationen mittels Lichtsignalen übertragen werden. Ein Laser wandelt z.B. akustische Signale in Lichtsignale und digitale Impulse um. Dann wandern die Lichtsignale durch die Glasfaser. Am Ende der Leitung wandelt ein opto-elektrischer Wandler (meist eine Fotodiode) die Lichtsignale wieder in akustische um. Eine neue Qualität der Glasfaser besteht darin, daß z.B. ehemals akustische Signale am Ende in optische Signale oder in Schrift umgewandelt werden können. Es besteht also die Möglichkeit, die Form der Signale zu verwandeln.

7 P. Ciupke: Vom Umgang mit den neuen Informationstechnologien, in: Links Nr. 155, Februar 1983, S. 12

8 F. Rehms: Computer im Wohnzimmer - Dienstleistung total, in: micro-ComputerWelt, August 1983, S. 42
9 So argumentiert auch der derzeitige Postminister Schwarz-Schilling (CDU): "Jedes längerfristige Wachstum der Volkswirtschaft wurde eingeleitet durch bahnbrechende Innovationen, so wie wir sie heute mit der Informationstechnik und der Mikroelektronik vorfinden." (Aus: Chr. Schwarz-Schilling: Auf dem Weg in eine Kommunikationsgesellschaft -eine Herausforderung unserer Zeit, Vortragsmanuskript für den Fachkongreß "Neue Medien" der Konrad-Adenauer-Stiftung am 31. August 1983, S. 28; Zu den gesellschaftlichen und wirtschaftlichen Aspekten der Einführung neuer Informations-und Kommunikationstechnologien;: J. Friedrich/F. Wicke/W. Wicke, a.a.O., S. 59ff; F. Böckelmann/G. Nahr: Freizeitkontakte über Kabelmedien, Berlin 1981, S. 25 ff; E. Mohn: Informationstechnologien - mehr als Medienprobleme, in: Medien+Erziehung 3/1983, S. 130 ff; L. Mikos: Eiszeit statt Freizeit, in: Wechselwirkung 14/1982, S. 26ff; P. Ciupke, a.a.O., S. 12 ff; A. Zerdick: Ökonomische Interessen und Entwicklungslinien bei der Durchsetzung neuer Informations- und Kommunikationstechniken, in: Rundfunk und Fernsehen, 30. Jahrgang 1982, Heft 4, S. 478 ff; H. Pross: Von der Schwarzen Kunst zur Bunten Magie oder Von der Druckerpresse zum Datenspeicher, in: L. Franke (Hrsg.): Die Medienzukunft, Frankfurt/Main 1983, S. 9 ff
10 Zu den sozialen Folgen und Auswirkungen der 'Neuen Medien': C. Eurich: Das verkabelte Leben, Reinbek 1980; M. Müllert (Hrsg.). a.a.O.; H. Kubicek, a.a.O.
11 Auf die Problematik des Datenschutzes werden wir später noch näher eingehen
12 KNAK (Hrsg.): Der letzte Schrei - Kabelfernsehen, Berlin 1982, S. 8

Personal-Informationssysteme

1 Vgl. W. Kilian: "Personalinformationssysteme sind intelligente Dokumentationen von Personalangaben." aus: W. Kilian, Entwicklungsstand automatisierter Personalinformationssysteme in der Wirtschaft, in: Gesellschaft für Rechts- und Verwaltungsinformatik (Hg.): Personalinformationssysteme in Wirtschaft und Verwaltung, München 1982, S. 1 ff; M. Domsch: "Ein Personal-Informationssystem kann kurz als Führungs- und Verwaltungsinstrument im Personalbereich bezeichnet werden." aus: M. Domsch, Personalinformationssysteme, Instrumente der Personalführung und Personalverwaltung, Hamburg 1981[5], S. 9; J. Hofmann: "Unter einem Personalinformationssystem (...) wird also ein computergestütztes Informationssystem verstanden, das die Leitungstätigkeit bei administrativen (verwaltenden) und dispositiven (planenden und entscheidenden) Tätigkeiten unterstützt. Dies setzt die Erhebung, Speicherung und Verarbeitung problemadäquater Informationen voraus." aus: J. Hofmann, Personalinformationssysteme, Frankfurt a.M. 1983[2], S. 10; anders, mehr aus der Sicht der Arbeitnehmer, bei: W. Steinmüller: "Personalinformationssysteme sind alle informationstechnikgestützten Systeme, die Arbeitnehmerdaten verarbeiten können." aus: W. Steinmüller, Personalinformationssysteme in Wirtschaft

und Staat - System- und Wirkungsanalyse, in: Universität Bremen (Hg.), Arbeit und Technik, Analyse von Entwicklungen der Technik und Chancen in der Gestaltung von Arbeit, Bremen 1983, S. 251ff.

2 W. Steinmüller dazu: "Auch die Unterscheidung in 'gute' administrative und 'böse' dispositive Systeme ist hardware- (durch technische Verflechtung) und softwaremäßig (durch Anwenderprogramme; Datenbanksprachen) überholt." W. Steinmüller, a.a.O.,
3 M. Domsch, a.a.O., S. 7
4 W. Egloff, Personalinformationssysteme, in: Computer: Fortschritt oder Abhängigkeit?, Zürich 1977, S. 27, zitiert nach: A. Drinkuth, Computergestützte Personalinformationssysteme - Gefahr für Datenschutz und Mitbestimmung? (Herausgegeben von der IG Metall Vorstandsverwaltung), FfM 1978, S. 10 (die Unterstreichungen im Drinkuth-Text haben wir weggelassen)
5 Vgl. PAISY Systembeschreibung der Softmark, Bremen o.J., S.106/107
6 A. Drinkuth, a.a.O., S. 15 (die Unterstreichungen des Originals haben wir weggelassen)
7 Vgl. W. Kilian, Personalinformationssysteme in deutschen Großunternehmen, Berlin, Heidelberg, New York 1982, S. 118. Die Zahlen von Kilian beziehen sich auf die 220 umsatzstärksten Unternehmen in der Bundesrepublik als Grundgesamtheit. Neuere Zahlen als diese von 1979 sind uns nicht bekannt.
8 Vgl. ebd. die Tabelle auf S. 129/130
9 J. Friedrich/F. Wicke/W. Wicke, a.a.O., S. 267
10 Abgedruckt im Anhang der: Materialien zur Auseinandersetzung bei der Einführung von PAISY bei der ADAM OPEL AG, herausgegeben von Kollegen von OPEL Bochum, Bochum 1981
11 Abgedruckt bei U. Briefs, Zum Dilemma der Gewerkschaften auf dem Gebiet des Datenschutzes, in: Wechselwirkung Nr. 7, 1980, S. 28 ff, Tabelle S. 28/29
12 J. Friedrich, Soziale Auswirkungen von Personalinformationssystemen im Betrieb, in: Arbeitskreis Rationalisierung Bonn (Hg), Verdatet, verdrahtet, verkauft, Stuttgart 1982, S. 65 ff, Zitat S.72/74
13 J. Friedrich/F. Wicke/W. Wicke, a.a.O., S. 143
14 Vgl. J. Hofmann, a.a.O., S. 16. Hofmann nennt als Quelle K. Hümmerich/P. Gola, Der gestohlene Schatten, Stuttgart 1981, S. 99 f
15 Schufa - Schutzgemeinschaft für allgemeine Kreditsicherung, der vor allem Banken und Großunternehmen angeschlossen sind.
16 Es handelt sich hier um das System AVAD; vgl. Datenschutz-Berater Heft 5/1980, S. 10.
17 Vgl. Frankfurter Rundschau vom 18.4.1980
18 Vgl. J. Simon/G. Simon-Ern/J. Taeger. Wer sich umdreht oder lacht ... Rasterfahndung: Ein Beitrag zur Gewährleistung der inneren Sicherheit, in: Kursbuch 66, Berlin 1981, S. 20 ff
19 Vgl. Devo '81, Versicherungsnachweise, Versichertenkonten, Broschüre der Bundesversicherungsanstalt für Angestellte, Berlin 1981
20 Materialien zur Auseinandersetzung bei der Einführung von PAISY bei der ADAM OPEL AG, a.a.O., S. 15

Neue Technologien im Betrieb

1   Frankfurter Rundschau, 7. Juni 1982
2   Gesamtgesellschaftlich führt dieser Trend zu einem Heer von Arbeitslosen, was den Einzelbetrieb langfristig ebenso ruiniert wie die Sozialversicherungsträger: Es wird immer weniger Kaufkraft vorhanden sein, um die Produkte der vollautomatisierten Betriebe zu kaufen. Gegenstrategien der Beschäftigten und der Gewerkschaften wie die Forderung nach Arbeitszeitverkürzung bei vollem Lohnausgleich könnten einen Beitrag zur gerechteren Verteilung der Arbeit leisten. Bei dem ungeheuren Rationalisierungsschub, der noch ansteht, dürfte die 35-Stunden-Woche allerdings lediglich einen Tropfen auf den heißen Stein bedeuten. Verstärkte Gegenwehr gegen den Einsatz neuer Technologien selbst ist dringend geboten.
3   Briefs, Ulrich, Arbeiten ohne Sinn und Perspektive? Köln 1980, S. 71, vgl. die Schätzungen zur Siemens-Studie S. 70/71: die Zahl zum Einsatz von Industrierobotern findet sich bei J. Friedrich/F. Wicke/W. Wicke, Computereinsatz: Auswirkungen auf die Arbeit, Reinbek 1982 (Band 3 von Humane Arbeit - Leitfaden für Arbeitnehmer, hrsg. von L. Zimmermann), S. 129, siehe auch zu Rationalisierungseffekten ebd., S. 59 ff.
4   Die folgende Darstellung stützt sich im wesentlichen und wenn nicht anders angegeben auf J. Friedrich/F. Wicke/W. Wicke, a.a.O., Kapitel 4, 5 und 7. Vergleiche aber auch U. Briefs, a.a.O.; AK Rationalisierung Bonn/B. Schütt/J. Steffen, EDV Textverarbeitung Bildschirmarbeit, Berlin 1983; M.J.E. Cooley, Computer Aided Design, sein Wesen und seine Zusammenhänge, Stuttgart 1978; Den Dienstleistungsbereich haben wir an dieser Stelle ausgelassen, vgl. aber zu den Entwicklungen im Dienstleistungsbereich J. Friedrich/F. Wicke/W. Wicke, a.a.O., Kapitel 6
5   Vgl. hierzu Siemens AG: Modellversuch 'Autarke Texterfassung, o.J., o.O. (Autor: Hans Ulrich Wegener); Batelle-Institut, Informationstechnisch unterstützte Heimarbeit, Schlußbericht der Vorstudie, Frankfurt 1982; Marliese Dobberthien, Rückfall in 'Schlesische Verhältnisse' - Warnung vor den Gefahren elektronischer Heimarbeit, dokumentiert im Sozialdemokratischen Pressedienst Wirtschaft, 9. August 1983 Teil I, 11.8.1983 Teil II. Versuche mit elektronischer Heimarbeit testen zur Zeit noch überwiegend die Textverarbeitung am heimischen Bildschirmgerät; denkbar und in Planung (in Einzelfällen auch bereits realisiert) sind aber auch Heimarbeitsplätze für Sachbearbeiter, Programmierer, Ingenieure, um nur einige zu nennen.
6   Das sind z.B. Hohe Augenbelastung, Verspannungen im Hals-Nacken-Rücken-Bereich. Vgl. auch die Broschüre des DGB, Bildschirmarbeit - human gestalten, Solingen 1980. Die tatsächliche Strahlenbelastung ist noch ungeklärt; es häufen sich die Anzeichen für eine besondere Gefährdung für schwangere Frauen und ihre ungeborenen Kinder, da in einer Untersuchung des kanadischen Arbeitsministeriums bei schwangeren Frauen mit Bildschirmarbeitsplätzen eine erhöhte Zahl von Fehlgeburten und Mißbildungen festgestellt wurde. Vgl. 'Strahlungsgefährdung für schwangere Frauen', die tageszeitung, 10.11.1982; 'In Göteborg arbeiten Schwangere nicht mehr am Bildschirm', Frankfurter Rundschau, 17/9/1983, sowie das Urteil des Verwaltungsgerichtes Frankfurt, das dem

Antrag des Gesamtpersonalrats der Deutschen Bibliothek auf ein Einsatzverbot für Schwangere am Bildschirm stattgibt (Az. I/V - K 744/82)

Mitbestimmung und Verhinderung ...

1 Die Darstellung beruht auf folgenden Materialien: "Materialien zur Auseinandersetzung bei der Einführung von PAISY bei der ADAM OPEL AG", herausgegeben von Kollegen von OPEL Bochum; "PAISY - Personal-Abrechnungs- und Informationssystem. Die Auseinandersetzungen bei der Adam Opel AG", herausgegeben von der IG Metall Verwaltungsstelle Darmstadt; Mehrere Flugblätter der Kollegen von Opel Bochum; Berichte in der Zeitschrift REVIER (/Nr. 4/1981) 8/1982; 11/1982; 12/1982; 6/1983; 7/1983); Artikel in der Frankfurter Rundschau (vom 19.6.1982; 9.7.1982; 20.10.1983); in der Tageszeitung (vom 9.7.1982; 20.10.1983; 22.10.1983); in der Süddeutschen Zeitung (vom 20.10.1983); in der Frankfurter Allgemeinen Zeitung (vom 20.10.1983); im Volksblatt Berlin (vom 20.10.1983); in der WELT (vom 20.10.1983), in der ZEIT (Nr. 49 vom 27.November 1981). Gespräch mit Hans Reppel, Betriebsrat bei Opel Bochum vom 10. Oktober 1983.
2 Aus der Dokumentation der IGM Verwaltungsstelle Darmstadt, S. 4
3 ebenda S. 6
4 Um die Authentizität der Aussagen beizubehalten, wurde die Sprache nicht wesentlich geändert. Namensnennungen wurden weggelassen und - so weit möglich - durch Funktionskennzeichnung, z.B. "der von der IG Metall", ersetzt.
5 IG Metall: Wir bleiben bei der Sache. Argumente statt Parolen. (Wahl- und Arbeitsprogramm für die BR-Arbeit 1981 - 1984; Broschüre der IGM-Fraktion bei Opel) S. 4
6 Zitiert nach REVIER, 6. Jahrgang, Nr. 6, Juni 1983, S. 24
7 Dokumentation der IGM Verwaltungsstelle Darmstadt, a.a.O., S. 14
8 ebenda S. 12
9 Flugblatt der Vertrauensleutekörperleitung vom 3. März 1982 (in der Dokumentation der IGM, a.a.O.); Hervorhebungen im Original.
10 Flugblatt der Vertrauenskörperleitung vom 20. April 1982 (in der Dokumentation der IGM, a.a.O.)
11 Flugblatt der Vertrauenskörperleitung vom 3. Juni 1982 (in der Dokumentation der IGM, a.a.O.)
13 Zitiert nach der Dokumentation der IGM, a.a.O., S. 15-23
14 ebenda
15 ebenda S. 28
16 Zum gegenwärtigen Zeitpunkt steht die schriftliche Begründung des Urteils allerdings noch aus, so daß wir nicht genauer über dieses Urteil berichten können.
17 Vergleiche die Meldungen in den oben angeführten Tageszeitungen vom 20.10.1983
18 Zitiert nach tageszeitung (TAZ) vom 22.10.1983
19 Zitiert nach DIE WELT vom 20.10.1983
20 Hervorhebung im Orignal

21 Die Darstellung beruht auf folgenden Materialien: die ötv teilt mit, Vertrauensleutekörper an der Universität Bielefeld, 6 Informationsblätter zur geplanten Einführung von PVS II, Nr. 1 vom 20.4.82: 'PVS II will unsere Daten', Nr. 2 vom 3.5.82: 'Wozu die vielen Daten', Nr. 3 vom 12.5.82: 'Der gläserne Arbeitnehmer', Nr. 4 vom 20.7.82: 'Wird PVS noch eingeführt?', Nr. 1 bis 4 sind abgedruckt in ÖTV Bezirksverwaltung NW II (Hg.), Personalinformationssysteme, Arbeitshilfe für Personal- und Betriebsräte und Vertrauensleute, Bochum 1982; Nr. 5 vom 8.12.82: 'PVS noch nicht vom Tisch', Nr. 6 vom 20.12.82: 'Das Untier ist hin...'. Außerdem ein kurzer Bericht in der REVIER, Juni 1983 'Der Kampf gegen das Untier'; ÖTV-Argumente: Erfahrungsbericht aus einer Universität: 'Personalinformationssystem gemeinsam abgewehrt', Vertrauensleutewahlen 1/1983, S. 13 ff, sowie ein Gespräch mit Elisabeth Bähr, Vertrauensfrau und Personalrätin an der Universität Bielefeld, vom 12.7.1983
22 Informationsblatt Nr. 6, a.a.O. Auch die Kapitelüberschrift ist diesem Informationsblatt entnommen.
23 Informationsblatt Nr. 1, a.a.O.
24 Zitiert nach Informationsblatt Nr. 1, a.a.O.
25 Zitiert nach ebd.
26 aus: ebd.
27) zitiert und erläutert in Informationsblatt 6, a.a.O.
28 Informationsblatt 1, a.a.O.
29 zitiert nach Informationsblatt 2, a.a.O.
30 Gesetz über die Organisation der automatisierten Datenverarbeitung in Nordrhein-Westfalen (ADV-Organisationsgesetz-ADVG NW) vom 12.2.1974, § 1 (1)
31 ebd. § 1 (2)
32/33 ebd. § 13 (1) Daß das PVS II in Bielefeld als ein Teilchen dieses Mammutsystems nun gescheitert ist, ist ein beachtlicher Erfolg. Falls die Universität auf dem Erlaßweg verpflichtet wird, PVS II einzuführen, dürfte auch in diesem Fall mit Widerstand zu rechnen sein.
34 Informationsblatt 3, a.a.o.
35 W. Kilian, Personalinformationssysteme in deutschen Großunternehmen, Berlin, Heidelberg, New York 1982, vgl. zur Beteiligung des Betriebsrates die Kapitel 10 und 11. Die Untersuchung bezieht sich auf den Stand von 1979.
36 D. Marcello, Nur der Hygiene wegen, Personaldatenverarbeitung bei Daimler-Benz, in: Kursbuch 66, Berlin 1981, S. 145 ff, Zitat S. 150
37 Vgl. z.B. Eva L., Wie ein großer Konzern mit Hilfe der IG Metall ein Personalinformationssystem durchsetzt, in: Wechselwirkung Nr. 7, November 1980, S. 14 ff
38 ebd., S. 16
39 N.N. Wacker-Chemie Köln, in: Interessengemeinschaft EDV/C. Müller/G. Rentzing/K. Winger (Hrsg.), Dokumentation Reden und Schriften: Die wachsende Opposition gegen den 'technischen Fortschritt' am Beispiel der Personalinformationssysteme, o.O. 1982, S. 18 ff, Zitat S. 18

Betriebsvereinbarungen ...

1. Vergleiche hierzu und zu den folgenden Ausführungen auch: J. Hofmann: Personalinformationssysteme, Frankfurt 1983², S. 53 ff; F.A. Koch: Bürgerhandbuch Datenschutz, Reinbek 1981, S. 144ff; W. Kilian: Personalinformationssysteme in deutschen Großunternehmen, Berlin/Heidelberg/New York 1982, S. 285 ff; H. Kubicek/P. Berger/C. Döbele/D. Seitz: Handlungsmöglichkeiten des Betriebsrates bei Rationalisierung durch Bildschirmgeräte und computergestützte Informationssysteme (herausgegeben von der Arbeitskammer des Saarlandes), Saarbrücken 1981; A. Drinkuth: Computergestützte Personalinformationssysteme - Gefahr für Datenschutz und Mitbestimmung? (herausgegeben von der IG Metall Vorstandsverwaltung), Frankfurt/Main 1978, S. 27 ff; A. Franz: Personalinformationssysteme und Betriebsverfassung, Köln 1983; Zwischenbericht der Enquete-Kommission 'Neue Informations- und Kommunikationstechniken', Bundesdrucksache 9/2442 vom 28.3.1983, S. 199 ff; Die Mitbestimmung, heft 1/82: Der gläserne Mensch. Personalinformationssysteme - eine Gefahr für Arbeitnehmer; N.N.: Datenschutz statt Datenschmutz - aber wie? in: Revier 4. Jg. Nr. 7, Juli 1981; N.N.: Personalinformationssysteme. Kontrolle über diese Systeme ist gut - Ihre Verhinderung ist notwendig! in: revier 4. Jg. Nr. 8, August 1981
2. Zitiert nach H.H. Wohlgemuth: Zuständigkeit der Einigungsstelle und Mitbestimmungsrecht des Betriebsrats bei der Einführung eines Personalinformationssystems, in: Die Mitbestimmung 1/82, S. 36/37
3. Enquete-Kommission, a.a.O., S. 206
4. Zitiert nach FORBIT (Hrsg.): Materialien zu Personalinformationssystemen und Zeiterfassung und Zugangskontrolle, Hamburg 1982, S. 58
5. ebenda
6. J. Hofmann, a.a.O., S. 62
7. Vergleiche dazu auch A. Franz, a.a.O., S. 89 ff
8. J. Hofmann, a.a.O., S. 64
9. ebenda S. 67
10. W. Kilian, a.a.O., S. 287
11. J. Hofmann, a.a.O., S. 67; eine Quelle für diese Angabe nennt Hofmann nicht.
12. F.A. Koch, a.a.O., S. 151
13. ebenda S. 148
14. ebenda S. 147, Hervorhebungen im Original
15. vgl. ebenda S. 150
16. vgl. ebenda

Auf allen Ebenen: Nein ...

1. Vergleiche hierzu und im folgenden A. Drinkuth, Gewerkschaftliche Positionen zwischen Verbot und Gestaltung, in: Universität Bremen (Hrsg.): Arbeit und Technik, Analyse von Entwicklungen der Technik und Chancen in der Gestaltung von Arbeit, Bremen 1983, S. 321 ff
2. Zitiert nach ebenda, S. 322 f

3   Zitiert nach ÖTV Bezirksverwaltung NW II (Hrsg.): Personalinformationssysteme -Arbeitshilfe für Personal- und Betriebsräte und Vertrauensleute, Bochum 1982, S. 8 (vergleiche Dokumente)
4   Zitiert nach ebenda, S. 10 (vergleiche Dokumente)
5   Elisabeth Bähr im Gespräch mit d.V.
6   U. Briefs: Einige perspektivische Herausforderungen der Informationstechnologien für die gewerkschaftliche Politik, in: Universität Bremen (Hrsg.): a.a.O., S. 331 ff, Zitat, S. 337
7   Tarifvereinbarungen erscheinen uns nur dann sinnvoll, wenn sie nicht ungewollt von den Unternehmern dazu benutzt werden können, die Arbeitnehmervertretungen in die Mitbestimmung zu 'zwingen'.
8   Thesen zur Organisation der IG-EDV
9   Der Computer - Mitteilungen der IG-EDV, Juli 1982, S. 1
10 Aus dem Aufruf "Nein - zu Personalinformationssystemen" (siehe Dokumente)
11 Gruppe Nein zu Personalinformationssystemen (Hrsg.). Verdatet, Verkabelt, Verkauft, Hamburg (1983), S. 3
12 Aus einem Schreiben der Gruppe SPINAD an d.V.

Dokumente

1. Rote Karte für PAISY.
Flugblatt des Betriebsrates, Opel Bochum 17.3.81

2. Ablehnung von PAISY jetzt erst recht!
Flugblatt des Betriebsrates, Opel Bochum, 29.10.81

3. Opel 84, totale Überwachung.
Flugblatt des Betriebsrates, Opel Bochum 28.9.83

4. Zum Werksanschlag der Geschäftsleitung
Flugblatt Opel Rüsselsheim, 3.3.82

5. 9. Einigungsstelle
Flugblatt Opel Rüsselsheim, 18.6.82

6. Die ÖTV teilt mit
Flugblatt Uni Bielefeld, 20.12.82

7. Nein zu Personalinformationssystemen
Erklärung von Betriebsräten und Vertrauensleuten 1982

8. Beschluß des Bundeskongresses der DAG, Okt. 83

9. Beschluß des 12. Bundeskongresses des DGB, 1982

10. Beschluß des 9. o.Gewerkschaftstages der ÖTV; 1980

11. Beschluß des Gewerkschaftstages der IG Metall, 1983

Rote Karte für PAISY!

17.3.81

Im April sollen die ersten Geräte des Personalinformationssystems PAISY in der Lohn- und Gehaltsbuchführung eingeführt werden. Bis Oktober folgen die restlichen Geräte. . So sieht es die Planung des Opel-Managements vor. Mittlerweile hat General Motors in Detroit dem Kauf von Paisy zum 6. April zugestimmt. Iva, dann läuft ja alles fristgerecht und reibungslos. Davon jedenfalls gehen die Opel-Bosse aus. Schon 250 Firmen in der Bundesrepublik haben Paisy eingeführt – da wird doch wohl bei Opel nichts schief gehen, oder ?

Richtig ist, daß in den letzten Jahren die Einführung von Informationssystemen wie eine Lawine über uns hereingebrochen ist. Bei Behörden, Versicherungen, Krankenkassen. Bei Banken und Kreditinstituten. Das ging so schnell, daß wir es gar nicht richtig registrieren konnten. Und es sah nach technischem Fortschritt aus, übliche Rationalisierung. "Computer-Zeitalter !" Die Gefahren der ganzen Sache wurden erst allmählich bewußt. Die Gefahr der totalen Überwachung und Kontrolle. Die Gefahr, bis aufs Hemd ausgezogen zu werden und bis ins Privatleben hinein verfolgt und registriert zu werden. "Der gläserne Mensch", über den die Computer und ihre Besitzer alles wissen !

Das ist natürlich ein perfektes Herrschaftsmittel. Um die Gefahr einzuschränken, wurde der berühmte Datenschutz eingerichtet. Er soll den einzelnen vor dem Mißbrauch seiner persönlichen Daten schützen. Mittlerweile wissen wir mehr.

Mittlerweile wissen wir, daß rein technisch mit den Informationssystemen nahezu alles gemacht werden kann. Daß sie schwer zu kontrollieren sind. Daß der einzelne gar nicht mitkriegt, was alles über ihn gespeichert worden ist. Daß die Gefahr der totalen Überwachung und Kontrolle nur abgewendet werden kann, wenn wir die weitere Einführung von Informationssystemen verhindern.

Richtig ist, daß in den letzten Jahren die Einführung von Informationssystemen in den Betrieben lawinenartig zugenommen hat. Bevor die Gefahren erkannt waren. Heute wissen wir, daß die Personalinformationssysteme "perfekte Machtinstrumente der Unternehmer" sind. Am Beispiel PAISY:
– PAISY macht die Zeitermittlung perfekt. Jede Minute, jede Pause, jeder Gang zur Toilette – alles kann registriert werden Auch das Arbeitstempo !
– PAISY macht die Arbeitsplatzermittlung perfekt. Die besten Leute für jeden Arbeitsplatz. Olympiamannschaften.
– PAISY macht Umbesetzungen und Entlassungen perfekt. Ein Knopfdruck – und die Liste der Kollegen mit den höchsten Fehlzeiten, Abmahnungen etc. liegt vor.
– PAISY macht die Disziplinierung perfekt. Weil jeder Kollege die Kontrolle im Nacken fühlt.

Ob wir den Unternehmern dieses perfekte Machtinstrument zukommen lassen, oder nicht: das liegt an uns ! Das ist ein Machtkampf, den wir nur gewinnen können, wenn alle Kollegen die Gefahr begreifen und gemeinsam antreten: rote Karte für PAISY !

Die ersten Schritte zur Abwehr von PAISY sind gemacht ! Im Wahlprogramm der IG Metall zur Betriebsratswahl wurde als ein Schwerpunkt für die Betriebsratsarbeit 81-84 festgeschrieben: *"3. keine Personaldateninformationssysteme einführen."* Und am 3. März hat der Betriebsrat den Beschluß gefaßt, der Geschäftsleitung schriftlich mitzuteilen, daß die Einführung von PAISY abgelehnt wird. Nach § 75,2 Betriebsverfassungsgesetz, in dem die *"freie Entfaltung der Persönlichkeit der im Betrieb beschäftigten Arbeitnehmer"* garantiert ist. Das ist aber nur ein Anfang. PAISY muß und kann verhindert werden. Das gelingt nur, wenn alle Kollegen sich einsetzen ! Wenn alle wachsam sind und die Auseinandersetzung um die Einführung von PAISY genau verfolgen.
Deswegen:

Alle Kollegen zur Belegschaftsversammlung am Donnerstag (Werk 1) und Freitag (Werk 2) !

Eine neue Arbeitsordnung muß durchgesetzt werden

Am 9.März fand die 1. Sitzung im Einigungsstellen-Verfahren zur Arbeitsordnung statt. Nachdem die Verhandlungen über eine neue Arbeitsordnung gescheitert waren, hatte der Betriebsrat die Einigungsstelle angerufen. Bei der 1. Sitzung wurde nur darüber verhandelt, ob die Einigungsstelle überhaupt für diese Frage zuständig sei. Worum geht's bei der neuen Arbeitsordnung?

1972 hat der Betriebsrat die alte Arbeitsordnung gekündigt. Er war der Auffassung, daß diese alte Arbeitsordnung nicht mehr zeitgemäß sei. Daß wir Arbeitnehmer uns im Betrieb nicht wie Menschen zweiter Klasse oder wie dumme Jungs behandeln lassen können! Die Geschäftsleitung von Opel ist da anderer Auffassung. Sie lehnt eine neue Arbeitsordnung ab. Klar, daß sie ihre Ordnung nicht einschränken lassen will. Und diese Ordnung heißt: Disziplin und Höchstleistung durchsetzen durch Kontrolle und Machtmittel, wie Kündigungsdrohungen oder Verweise und Verwarnungen.

Die wichtigsten Punkte aus der neuen Arbeitsordnung, die der Betriebsrat fordert, sind folgende:

Wegfall des An- und Abstempelns! Die Stempeluhr ist ein besonderes drastisches Beispiel dafür, daß die Unternehmer uns wie Schuljungs behandeln, jede Minute Arbeitszeit aus uns herauszupressen versuchen, uns auf die Minute kontrollieren. Das steht in besonders krassem Mißverhältnis zu der üblichen Redensart von der "vertrauensvollen Zusammenarbeit". Die Stempeluhr muß weg – das fordert die neue Arbeitsordnung. Und nicht nur für einen Teil der Belegschaft, wie es die Geschäftsleitung angeboten hat (nach 10-jähriger Betriebszugehörigkeit). Und nicht zugunsten eines neuen und perfekteren Systems der Zeitermittlung und Zeitkontrolle (wie PAISY).

Vorlage der Arbeitsunfähigkeitsbescheinigung nach 3 Tagen! Bisher haben die Angestellten das Vorrecht genossen, eine ärztliche Bescheinigung über die Arbeitsunfähigkeit nur dann einreichen zu müssen, wenn die Arbeitsunfähigkeit länger als 3 Tage dauert. Dieses Vertrauen in die persönliche Moral und Zuverlässigkeit der Angestellten bedeutet umgekehrt gegenüber den Arbeitern: Mißtrauen! Sie werden als Arbeitnehmer zweiter Klasse behandelt. Die Forderung des Betriebsrates lautet in diesem Punkt: gleiches Recht für alle Arbeitnehmer!

Vernichtung und Entfernung von Verweisen nach einem Jahr, von Verwarnungen nach zwei Jahren aus der Personalakte! Die Tilgung von Strafen, Bußen oder Fehlerpunkten ist heute überall üblich und entspricht dem heutigen Rechtsbewußtsein. (Beispiele: Strafregister, Flensburger Kartei etc.) Demnach kann und darf eine langjährig zurückliegende Verfehlung nicht m. berücksichtigt werden, weil sonst jede Bewährungschance verbaut ist. Verweise und Verwarnungen aber spielen ihre Rolle gerade im Zusammenhang mit Kündigungsgründen. Um so wichtiger ist es, daß dieser mittelalterliche Standpunkt der Opel-Geschäftsleitung korrigiert wird! Das ist auch ein Stück Kündigungsschutz, was der Betriebsrat in diesem Punkt fordert.

Bezahlte Waschzeit von 5 Minuten! Es ist bekannt, daß der Unternehmer um jede Minute Arbeitszeit feilscht. Unser Interesse hingegen ist es, daß Pause und Freizeit nicht verkürzt werden, indem die Waschzeit auf unsere Kappe geht! Schließlich machen wir uns für den Betrieb die Hände und Klamotten schmutzig. Die Forderung des Betriebsrates in diesem Punkt zielt auf Eingrenzung der Leistungshetze und auf menschenwürdige Behandlung der Arbeitnehmer.

Soweit die wichtigsten Punkte aus dem Entwurf des Betriebsrates zu einer neuen Arbeitsordnung. Es ist wohl für jeden Kollegen sichtbar, daß hier seine Interessen auf dem Spiel stehen. Die neue Arbeitsordnung muß durchgesetzt werden. Nicht zuletzt deswegen, weil all' die aufgeführten Punkte als Kündigungsgründe ihre Rolle spielen:
– Zuspätkommen
– vorzeitiges Verlassen des Arbeitsplatzes
– Fehlzeiten
– Verweise/Verwarnungen.

Diese Punkte müssen vom Tisch! Dazu dient die Unterschriftensammlung des Vertrauenskörpers. Klar, daß da alle Kollegen unterschreiben sollten. Aber natürlich ist das als Druckmittel gegenüber der Geschäftsleitung nicht ausreichend. Die nächste Sitzung der Einigungsstelle ist am 24. März. Wir werden uns weitere Schritte einfallen lassen müssen, um die neue Arbeitsordnung durchzusetzen. Auch dazu sollte die Belegschaftsversammlung genutzt werden.

Alle Kollegen zur Belegschaftsversammlung am Donnerstag (Werk 1) und Freitag (Werk 2)!

Impressum: "Revier – Zeitung für das Ruhrgebiet, zusammen mit Opel-Kollegen. V.i.S.d.P.: H.-D. Kantel, Gneisenaustr. 72, 4100 Duisburg

Ablehnung von PAISY Jetzt erst recht!

29.10.81

Am 23. Oktober hat der Bochumer Betriebsrat mehrheitlich den Gesamtbetriebsrat beauftragt, eine Betriebsvereinbarung über PAISY abzuschließen. Damit ist der Bochumer Betriebsrat von seiner Strategie abgerückt, PAISY prinzipiell zu verhindern.

Nach dem Willen des Rüsselsheimer Betriebsrates und jetzt auch des Bochumer Betriebsrates soll nun eine Betriebsvereinbarung die Gefahren, die diese neue Technik mit sich bringt, verhindern.

Nach wie vor bleibt aber die Frage: Kann man auf diese Weise gegen PAISY etwas ausrichten? Kann man die Gefahr verhindern, wenn man nur an den Folgen und nicht an den Ursachen ansetzt?

Gute Gründe zur Ablenung von PAISY - Gelten sie nicht mehr?

Am 18.3.1981 beschloß der Betriebsrat **einstimmig**, die Einführung von PAISY abzulehnen. Er hatte gute Gründe dafür. Immer wieder ist vom Betriebsrat, von Sachverständigen und von der IG Metall darauf hingewiesen worden, daß man PAISY nicht kontrollieren kann.

"Die Anwendung moderner Informationstechnologie zum Zweck der Kontrolle von Verhalten und Leistung der Arbeitnehmer ist zu verhindern", so die IG Metall auf dem letzten Gewerkschaftstag.

Die Verhinderung von PAISY war einer der Hauptpunkte im IG Metall-Programm zur Betriebsratswahl. "Keine Personalinformationssysteme einführen" hieß es dort.

Die Vertrauenskörperleitung hat in einem Flugblatt vom 6.10. geschrieben: "Die IGM-Fraktion und die VK-Leitung der IGM sind weiterhin von der Auffassung, alle Möglichkeiten zur Ablehnung von PAISY auszuschöpfen." Auf Betriebsversammlungen und bei anderen Gelegenheiten hat der Betriebsrat immer wieder mit guten Argumenten dargelegt, wieso PAISY verhindert werden muß.

Soll jetzt das alles nicht mehr gelten?
Sind die Argumente, die gegen eine Betriebsvereinbarung und für die Ablehnung von PAISY sprachen auf einmal verkehrt?

Wir bleiben dabei - PAISY ist nicht kontrollierbar

Jetzt soll also eine Betriebsvereinbarung PAISY bändigen. Nur: Es ist eine Illusion zu glauben, das geht. Gegen PAISY nützt die geplante Vereinbarung nämlich nicht viel. Ist PAISY erst mal da, dann kann es auch angewendet werden. Hier nur ein paar kleine Beispiele, von denen der Unternehmer so was macht:

— Die Betriebsvereinbarung will verhindern, daß Opel andere als die für Lohn- und Gehaltsabrechnung sowie für die Sozialversicherung nötigen Daten anwendet. **Aber:** Die vorgeschlagene Betriebsvereinbarung verhindert nicht, daß der Unternehmer diese anderen Daten in das PAISY-System reingibt. Der von Opel vorgeschlagene Datenkatalog, der Verhandlungsgegenstand für die Betriebsvereinbarung sein soll, sieht etwa 200 Daten vor, von denen nur ca. 40% reine Abrechnungsdaten sind. Die will Opel alle in PAISY reingeben. Wenn die aber erst mal drin sind, dann kann man zwar dem Unternehmer verbieten, die Daten anzuwenden, kontrollieren kann man dann aber nicht mehr, was Opel mit den Daten macht.

Und weiterhin: Selbst wenn Opel nur die reinen Abrechnungsdaten in PAISY eingibt, kann PAISY in Verbindung mit anderen Auswertungssystemen noch genügend Unheil anrichten.

— Bei General Motors in Österreich und in Spanien und wahrscheinlich auch in den USA gibt es das Informationssystem INTERPERS. Wenn Opel jetzt PAISY mit INTERPERS zusammenschließt, was technisch kein Problem ist, dann kann der Unternehmer einfach alle durch die Betriebsvereinbarung unerlaubten Daten im Ausland auswerten. Da kann der Betriebsrat in Bochum kontrollieren bis er schwarz wird.

— Im Entwurf der Betriebsvereinbarung will man PAISY dadurch kontrollieren, daß alle verbotenen Daten andersfarbig ausgedrückt werden.
Aber: Wenn der Unternehmer bestimmte Daten durchbringen will, braucht er einfach nur das Farbband auswechseln. Und da soll keiner sagen, daß die Unternehmer solche Tricks nicht draufhätten. Die IG Metall hat auf dem letzten Gewerkschaftstag festgestellt, daß der Bruch von Tarifverträgen und Betriebsvereinbarungen die **Regel** ist. Es wäre doch wohl naiv zu glauben, daß die Opel-Geschäftsleitung da die große Ausnahme ist.

Das alles, und vieles mehr müßte bekannt sein. Dem Betriebsrat liegt ein umfangreiches Papier vor, wo genau aufgezeigt wird, wie die vorgesehenen Kontrollen unterlaufen werden können.

Betriebsvereinbarung heißt auch immer Kompromiß –

Den darf es bei PAISY nicht geben!

Von allen diesen Gefahren mal abgesehen kommt noch eins hinzu: Bei der jetzigen Vorlage der Betriebsvereinbarung handelt es sich erst einmal um einen Entwurf. "Wir sind zu einer Betriebsvereinbarung bereit, aber wir lassen uns nicht vorschreiben, was da reinkommt." So argumentierte sinngemäß Arbeitsdirektor Schlotfeld auf der Betriebsrätekonferenz in Bochum.

D.h. über den jetzigen Entwurf der Betriebsvereinbarung ist noch lange nicht das letzte Wort gesprochen. Es ist absehbar, daß die Einigungsstelle in dem Fall angerufen wird.

Was dabei dann herauskommt, kann man sich ausmalen, wenn man sich die Auseinandersetzung um die Arbeitsordnung anschaut. Wenn man sich anschaut, was da von den Forderungen des Betriebsrats übriggeblieben ist.

Betriebsvereinbarung anstreben heißt auch immer schon einen Kompromiß eingehen – Den können wir uns bei PAISY aber nicht leisten.

Kurzum: Wenn es bei der Orientierung bleibt, diese Betriebsvereinbarung mit Opel anzustreben, wird das Unternehmen das meiste von dem durchsetzen können, was es will. Der Weg, PAISY durch diese Betriebsvereinbarung bändigen zu können, führt also in eine Sackgasse.

Was muß gemacht werden?

Der Betriebsrat hat längst noch nicht alle Möglichkeiten ausgeschöpft, um PAISY zu verhindern.
1. Es gibt dem Betriebsrat vorliegende Gutachten, die aufzeigen, daß es juristische Mittel gibt, um zu verhindern, daß Opel jetzt schon die Vorbereitungen zum Betrieb von PAISY durchzieht. Die Geschäftsleitung ist nämlich schon munter dabei, die Vorbereitungen zu treffen, ohne auf unsere Mitbestimmungsrechte Rücksicht zu nehmen.
 – In einer internen Stellungausschreibung sucht Opel schon Bewerber, die die Arbeit an den "neu eingeführten Datenverarbeitungssystemen (IBM 5280)" übernehmen. Hinter dem schönen Kürzel IBM 5280 verbirgt sich nichts anderes als PAISY!
 – Angestellte werden für PAISY umgeschult.
Dagegen kann juristisch vorgegangen werden.

2. Es sind noch längst nicht alle Möglichkeiten der Informations- und Öffentlichkeitsarbeit ausgeschöpft worden.
3. Schließlich, und das ist letzten Endes auch das entscheidende, ist gerade bei PAISY jeder einzelne Kollege gefordert. "Die Würde des Menschen ist unantastbar" heißt es im Grundgesetz. Das ist durch PAISY bedroht. § 75,2 des Betriebsverfassungsgesetz sowie das Bundesdatenschutzgesetz garantieren uns den Persönlichkeitsschutz. PAISY bedroht dieses Recht. Wir können und müssen uns dagegen wehren, indem wir dem Unternehmer die Daten verweigern. Jeder einzelne kann dem Unternehmer durch seine Unterschrift untersagen, seine persönlichen Daten in das Informationssystem einzugeben.

! Eine solche Unterschriftenaktion wird angegangen !

Impressum: REVIER-Zeitung für das Ruhrgebiet, zusammen mit Opel-Kollegen V.i.S.d.P.: H.-D. Kantel, Gneisenaustr. 72, 4100 Duisburg

28.9.83

OPEL '84

Totale Überwachung?
Es liegt an uns!

Als vor über zwei Jahren die Auseinandersetzung mit der Opel-Geschäftsleitung über PAISY anlief, haben wir damals gesagt: PAISY ist nur ein Anfang und es ist nur ein Teil umfassender Informationssysteme, die alle Bereiche der Produktion, der Arbeit und des Menschen erfassen.
Heute bestätigt sich das, mit BEES und PIS stehen zwei weitere Systeme in der Tür! In Werk II sind die Vorbereitungen für BEES schon gelaufen.

BEES

BEES ist die Abkürzung für Betriebsdatenerfassungs- und Einrichtungsüberwachungssystem. In Saragossa wird es bereits mit Erfolg eingesetzt.
BEES dient dazu, den Maschinennutzungsgrad zu steigern. Bei Störungen muß die Maschinenbedienung mit einem Eingabegerät am Arbeitsplatz Meldung machen. Von Eintritt der Klärung bis zur Meldung ist eine bestimmte Zeit vorgeschrieben. Von der Kontrollzentrale geht der Einsatzbefehl an die Instandsetzung. Die wiederum meldet Beginn und Ende ihrer Instandsetzungstätigkeit, sowie die Störungen.
In der Kontrollzentrale besteht so ein dauernder Überblick über alle Anlagen, über ihren Gang, über Störungen und Instandsetzung. Dieser Generalüberblick wird täglich festgehalten. Auf Grundlage der Tagesprotokolle kann eine statistische Auswertung über Maschinennutzung, ihre Störungshäufigkeit, Störquellen etc. vorgenommen werden. Dadurch können Schwachstellen der Produktion sichtbar gemacht werden. Häufig auftretende Störquellen können durch Routineaustausch von Verschleißteilen vorbeugend behandelt werden. Dadurch soll der Maschinennutzungsgrad gesteigert werden.
Das ist aber nicht alles! BEES dient ebenso der Kontrolle der Maschinenbedienung, der Kontrolle des Instandsetzungspersonals und der Kontrolle der Kontrolleure selbst.
Kontrolle der Maschinenbedienung: die statistische Auswertungen über längere Zeiträume lassen erkennen, unter welcher Bedienung Störungen häufer auftreten; sie lassen Vergleiche zwischen den Maschinenbedienungen der verschiedenen Anlagen zu, so daß auch diesbezüglich Schwachstellen analysiert werden können. Darüber hinaus wird die Leistung des Maschinenbedieners genau verfolgbar: Wann er schneller, wann langsamer arbeitet. Damit werden natürlich auch Spielräume personlicher Zeit- und Leistungsverteilung eingeengt. Wenn zu bestimmten Zeiträumen schneller gearbeitet wird — und BEES registriert das eben — dann besteht für den Unternehmer kein Grund, warum das nicht immer, über die ganze Schicht, der Fall sein soll.
Kontrolle des Instandsetzungspersonals: Vom Zeitpunkt seiner Benachrichtigung bis zum Eintreffen am Ort der Störung, von Beginn bis Ende der Instandsetzung — alles wird erfaßt und bietet die Grundlage für die Leistungskontrolle des Instandsetzungspersonals. Störquellenauswertung zeigt, inwiefern die Instandsetzungszeit durchschnittlich oder überdurchschnittlich lange beträgt. Bei Routine-Instandsetzung gibt es keinen Grund für überdurchschnittlich lange Ausfallzeiten.
Kontrolle der Kontrolleure: Da alles festgelegt ist und protokolliert wird, stehen die Kontrolleure selbst unter dauernder Kontrolle. Wenn sie nicht rechtzeitig reagieren, nicht die nötigen Anweisungen geben etc. — alles wird registriert.
BEES ist ein umfassendes Kontrollsystem für Maschinen **und** Arbeitskräfte. Denn: Maschinenkontrolle läßt sich nicht von Leistungskontrolle trennen. Übrigens bedarf es noch nicht einmal der tatsächlich praktizierten Kontrolle — allein die umfassende **Kontrollierbarkeit** tut ihre Wirkung. Auf diese Weise läßt sich der Maschinennutzungsgrad erheblich steigern!

PIS

Das Produktionsinformationssystem PIS dient der Fertigungssteigerung. Die Hauptaufgaben dieses Systems bestehen in folgenden Punkten:
— Auftragsbestandsverwaltung

- Aufbereitung, Verteilung, Ausgabe von Informationen und Montageaufträgen
- Materialverfolgung, Produktionsberichte
- Dialog mit dem Rechner, um danach Soll-Ist-Vergleiche durchführen zu können und gegebenenfalls steuernd eingreifen in den Materialfluß.
- Anlagensteugerung, Steuerung der Transportsysteme
- Qualitätskontrolle.

Materialverfolgung und Produktionsberichte sowie Qualitätskontrolle sind wiederum von der Leistungskontrolle nicht zu trennen. Wenn der Durchlauf jeder einzelnen Karosserie durch die Erfassungsstellen registriert wird, wird zugleich der Bearbeitungszeitraum zwischen den Erfassungsstellen registriert. Über die Produktionsberichte ist dann statistische Auswertung möglich, die Leistungsbilanzen für jede Bearbeitungsstation zur Folge hat.

PAISY

Die Angst, das PAISY den "gläsernen Menschen" schafft, wird im Zusammenwirken von BEES, PIS und PAISY erst richtig konkret. Betriebsdatenerfassung und Produktionsinformationssysteme liefern die Leistungsdaten jeden einzelnen Arbeitsplatzes und Kollegen. Durch Vergleich mit PAISY-Daten können so Leistung und Persönlichkeit jedes einzelnen Kollegen in Beziehung gesetzt werden. Das findet dann nicht mehr innerhalb von PAISY statt, sondern durch eine die Einzelsysteme übergreifende Auswertung. Die Opel-Geschäftsleitung kann sich dann sogar dem Wortsinn nach an die Betriebsvereinbarung zu PAISY halten: daß mit PAISY keine Profilabgleiche von Leistungs- und Persönlichkeitsdaten vorgenommen werden. Aber darauf kommt es der Geschäftsleitung nicht an, wie die bisher zwei aufgedeckten Fälle von Verstößen gegen die PAISY-Betriebsvereinbarung zeigen.

Neue Technologiepolitik der IG Metall?

Im Juli hat IGM-Vorstandsmitglied Janzen in Bochum eine Rede mit Signalwirkung gehalten. Eine vom 13. ordentlichen Gewerkschaftstag der IGM in Auftrag gegebene Betriebsumfrage der IGM über betriebliche Erfahrungen mit der Einführung neuer Technologien hat das volle Ausmaß der Hilflosigkeit der Betriebsräte und der Verunsicherung der Kollegen bezüglich gewerkschaftlicher Interessenvertretung gezeigt. Die alte Technologiepolitik der IGM gegenüber den neuen Technologien ist gescheitert. Durch Betriebsvereinbarungen und eine Politik von Treu und Glauben gegenüber den Unternehmern lasse sich die Auswirkungen der neuen Technologie nicht mehr auffangen. Kollege Janzen kündigte eine Veränderung der Technologiepolitik der IGM an.

Es gibt keinen Grund zur Schadenfreude, daß wir genau dieses Urteil über die herkömmliche Technologiepolitik der IGM schon vor zwei Jahren geäußert haben: in den Auseinandersetzungen zu PAISY. Es gibt allerdings die Notwendigkeit, gemeinsam zu lernen und falsche Positionen zu korrigieren.

Wir müssen heute zu konkreten Abwehrmaßnahmen gegenüber BEES, PIS und dem Verbund dieser Systeme mit PAISY kommen. Dabei müssen wir unsere eigene Position, unsere Möglichkeiten besser beurteilen, als zuvor. Der Unternehmer ist gerade bei der Einführung neuer Technologien daran interessiert, eine harmonische Beziehung zur betrieblichen und gewerkschaftlichen Interessenvertretung zu haben. Er wird uns Informationen unterschlagen, er wird uns betrügen und hintergehen, solange und soweit er kann. Das hat er immer getan. Aber wenn wir das nicht mehr hinnehmen, wie bislang, dann ist er gezwungen, Zugeständnisse zu machen: weil ohne unsere Mitarbeit seine hochfliegenden Pläne nicht zu erfüllen sind. Vor allem nicht in der gegenwärtigen Boomphase vor der weltweiten Krise der Automobilindustrie!

Die Klage gegen die Opel-Geschäftsleitung wegen unterlassener Informationen und Verletzung der Informationspflicht war ein richtiger Schritt – den Rückzug der Klage hat die Geschäftsleitung bisher nicht honoriert durch bessere Information. Das Betriebsdatenerfassungssystem BEES muß abgelehnt werden, weil es eine perfekte Leistungskontrolle darstellt. Teile des Produktionsinformationssystems PIS sind abzulehnen. Jeder Datenverbund bzw. jede Verknüpfung von BEES, PIS und PAISY ist abzulehnen! PAISY muß wieder abgeschafft werden, weil die Opel-Geschäftsleitung beweisen hat, daß sie sich an keinerlei Vereinbarungen halten will. Nur mit dieser Grundsatzposition und der Bereitschaft, für sie in den Clinch zu gehen, werden wir die Einführung von neuen Technologien in unserem Sinne kontrollieren können.

Heute	Morgen
Laufkarte mit Lohnschein	Erfassen der Daten durch ein Datenerfassungsgerät
Trotz konkreter Zeitvorgabe pro Arbeitsauftrag ist eine **individuelle Zeiteinteilung** innerhalb der Schicht möglich	Exakter Zeitverbrauch pro Arbeitsauftrag durch sofortigen Dateneingabezwang am Arbeitsplatz **jederzeit** feststellbar.
Leistung in bestimmten Rahmen **selbstbestimmbar**	Leistung unterliegt einer ständigen Überwachung (Akkordschere!!)
Zusammenstellen der Arbeit bei mehreren unterschiedlichen gleichzeitigen Aufträgen möglich	Kein Zusammenstellen von ähnlichen Arbeiten mehr möglich – Verdiensterschwernis – **vorgegebener Arbeitsablauf**
Persönliche Pausen selbstbestimmbar. Kontrolle durch Vorgesetzte schwierig.	Sofortige Erfassung und totale Überwachung der Arbeitsunterbrechungen und ihrer Ursachen.
Möglichkeiten des Vorgesetzten, die tatsächlich verbrauchte Zeit pro Arbeitsauftrag festzustellen, ist schwierig.	Genaue Kontrolle über vorgegebene und tatsächlich verbrauchte Zeit. Dadurch kann der Leistungsdruck gesteigert werden.
Abgabe der Akkordscheine individuell, weitgehend selbstbestimmbar. Größerer Zeitraum möglich als Sicherheit für schlechte Zeiten.	Kein Akkordpolster für schlechte Zeiten mehr, da sofortige Zeiterfassung
Abgerechnete Minuten bzw. Akkordprozente in bestimmten Rahmen selbst zu bestimmen.	Arbeiter kann seinen Akkordverdienst nicht mehr ausgleichen und damit kaum mehr individuell beeinflussen.

Wir IG Metaller
PAISY
Personal-Abrechnungs und Informations System
in formieren

zum Werksanschlag der Geschäftsleitung

Liebe Kolleginnen und Kollegen.

Schon am 27.August 1981 haben wir die Daten die in PAISY gespeichert werden sollen veröffentlicht und die Geschäftsleitung aufgefordert, mit dem Betriebsrat eine Betriebsvereinbarung abzuschließen.
Wie Ihr durch Flugblätter von uns erfahren habt, sind die Verhandlungen gescheitert und eine Einigungsstelle durch das Arbeitsgericht/Darmstadt eingesetzt worden.

Über die drei bisherigen Verhandlungen der Einigungsstelle haben wir Euch durch Flugblätter informiert.
Nun hat die Geschäftsleitung, mit Anschlag vom 2.3.1982, den PAISY-Datenkatalog einschließlich der von ihr zur Zeit beabsichtigten Verwendungszwecke veröffentlicht.

Unsere persönlichen Daten sollen zur Zeit - so der Anschlag der Geschäftsleitung - für

> Zeiterfassung,
> Personalverwaltung,
> Lohn und Gehalt,
> soziale Angelegenheiten,
> Personalplanung und Statistiken

verwendet werden.

Aus dem Anschlag geht nicht hervor, welche Daten verknüpft werden sollen und was mit denen gemacht werden kann.

Liebe Kolleginnen und Kollegen,
lest diesen Datenkatalog sorgfältig und aufmerksam!

Es sind in diesem Katalog eine Menge von Daten und Verwendungszwecke enthalten, über deren Sinn und Zweck zur Zeit in der Einigungsstelle, zwischen Betriebsrat und Geschäftsleitung gestritten wird.

PAISY ist aber auch noch in der Lage weitere Daten und Programme zu verarbeiten.

Deshalb bleiben Betriebsrat und Vertrauenskörper der IG Metall bei ihren Forderungen

> Ohne <u>Mitbestimmungsrechte</u> des Betriebsrates bei der Datenspeicherung, den Programmläufen und bei Erweiterungen und ohne <u>Kontrollrechte</u> läuft mit PAISY nichts!

In der am 16.März 1982 stattfindenden Einigungsstelle werden wir feststellen ob die Geschäftsleitung bereit ist auf unsere Forderungen einzugehen, oder ob sie selbstherrlich und unkontrolliert mit persönlichen Daten von uns "lieben Mitarbeitern" jeden von uns durchsichtig und Telespiele mit Menschen machen will.

Rüsselsheim, den 3.März 1982   Für die Vertrauenskörperleitung

G.Wink

Wir IG Metaller in formieren

Personal-Abrechnungs und Informations System

PAISY oder der gläserne Mensch

9. Einigungsstelle

Am Nachmittag des 17. Juni 1982 - kurz vor dem geplanten Ende der Einigungsstelle - wollte die Geschäftsleitung mit einem erneuten Stoßtruppunternehmen absoluten Freiraum für die Verknüpfung aller Arbeitsplatzdaten!

Das heißt: Zu den 193 beantragten Daten sollen erneut ca. 10.000 Daten dazukommen!

Selbst der Vorsitzende der Einigungsstelle

erklärte dazu wörtlich:

„Ich überblicke nicht mehr, was gewollt ist"

Unsere Kollegen in der Einigungsstelle erklärten zu dem Vorgehen der Geschäftsleitung:

> "... wir halten dies für einen groben Vertrauensbruch, der sich einfügt in eine ganze Kette von Verschleierungsversuchen.
> Während selbst geringfügige Änderungswünsche der Arbeitnehmerseite mit dem Hinweis auf Zeitknappheit nicht ausreichend diskutiert wurden, wird uns nun zugemutet, auch noch den sensibelsten Regelungsbereich innerhalb eines ungeheuerlichen Zeitdruckes zu diskutieren."

Nach erneuter kurzer Beratung stellten daraufhin unsere Kollegen in der Einigungsstelle mit der Begründung "Was im Dunkeln bleibt, ist nicht zu regeln",

den einzig richtigen Antrag:

PAISY ist zu verbieten!
mit Ausnahme der Lohn- und Gehaltsabrechnung

Der Vorsitzende der Einigungsstelle, Dr. Kamphausen, stimmte trotzt seiner Bedenken mit der Geschäftsleitung gegen unsere Kollegen!

Er legte der Geschäftsleitung erneut auf, nun endlich genau zu beschreiben, was sie mit unseren Daten eigentlich anstellen will.

Der Vorsitzende vertagte erneut:

<u>auf den 7. Juli 1982.</u>

Kolleginnen und Kollegen!

Unsere Kollegen in der Einigungsstelle kämpfen mit allen juristischen Möglichkeiten.

Was sie weiterhin brauchen, ist die solidarische Unterstützung der gesamten Belegschaft!

Deshalb: geht Alle am 1. Juli 1982 zur Betriebsversammlung!

Nur gemeinsam sind wir stark!

Rüsselsheim, den 18. 6. 1982

Für die Vertrauenskörperleitung

Gerhard Wink

die ötv teilt mit

Vertrauensleutekörper an der Universität Bielefeld

Nr. 6 vom
20.12.'82

Das Untier ist hin...

Wir haben gesiegt. Das Personalinformationssystem HIS PVS II ist tot. Wenigstens bei uns. So hat das Rektorat beschlossen. Unsere Argumente, die Reaktionen der Beschäftigten, und über 800 Unterschriften gaben den Ausschlag. Nach Auskunft der HIS-Vertreter hat es an keiner anderen Hochschule der BRD, an der HIS PVS II eingeführt wurde, so grundsätzliche Einwände wie in Bielefeld gegeben. Zwar sah sich das Rektorat in der "Auffassung bestätigt, daß es wünschenswert wäre, die 'Bielefelder Version' von HISPVSII einzusetzen, da sie eine geeignete Unterstützung der Stellen- und Personalverwaltung darstellt, mit der die Arbeit rationeller erledigt werden kann, und mit der für Entscheidungen notwendige statistische Informationen erzeugt werden können", doch sprach zuviel dagegen:

Rektorat verfolgt PVS-Pläne nicht weiter

"Gleichwohl sieht das Rektorat gegenwärtig von der Weiterverfolgung dieser Erwägung ab, weil es die aus allen Gruppen der Universität vorgebrachten Bedenken der Betroffenen respektiert, das System könnte gegen mißbräuchlichen Zugriff

...doch ein paar Arme regen sich

nicht hinreichend abzusichern sein, ein Bedenken, das auch bei Rektoratsmitgliedern nicht voll ausgeräumt werden konnte."

Ausdrücklich nicht ausgeschlossen wird in diesem Rektoratsbeschluß, der am 30. November fiel, aber erst jetzt bekannt gemacht wurde, *"daß für einzelne Arbeitsvorgänge – wie auch bisher – die EDV als Arbeitshilfe genutzt wird."*

Daß die zitierten Bedenken überhaupt erst aufkamen, sich quer über alle Gruppen und Organisationen der Universität ausbreiteten, zu einer massiven Verweigerungsaktion in Form einer Unterschriftensammlung von ÖTV und GEW führten, und schließlich sogar Senat und Rektorat erfaßten, ist zweifellos das Verdienst einer beharrlichen gewerkschaftlichen Aufklärungsarbeit.

Der HIS-Vertreter hat gewiß Recht mit seiner Feststellung, daß die Bielefelder Einwände gegen sein System so grundsätzlich sind, wie er es bisher noch nicht erlebt hat. Wir meinen: das war längst an der Zeit. Die Bedenken sind sogar noch grundsätzlicher, als aus dem Rektoratsbeschluß hervorgeht. Wir halten es da mit den Arbeitern von Daimler-Benz, die nach ihren beklemmenden Erfahrungen mit dem Personal-informationssystem ISA und dessen explosionsartiger Erweiterung (ein halbes Jahr nach Einführung von 1.Teilsystem auf 51) folgende grundlegende Erkenntnis formulierten: *"Es kann nicht darum gehen, einen 'Mißbrauch' des Systems zu verhindern. Das ganze System ist Mißbrauch."*

Metall-Kollegen gaben Beispiel

Auch die OPEL-Arbeiter führen mit Unterstützung der IG Metall einen zähen Abwehrkampf gegen die Installierung des Personalinformationssystems PAISY. Dort sollen bereits alle "Gesundheitsdaten" der Beschäftigten gespeichert werden. Von ihnen haben wir übrigens den Text für die Unterschriftensammlung übernommen. Der Betriebsrat des Thyssen-Konzerns hat erst vor zwei Wochen ein Gerichtsurteil gegen die Einführung von PAISY im Handstreichverfahren erwirkt. Der Widerstand wächst.

Als die HIS-GmbH klammheimlich und meist an den Personalvertretungen vorbei ihr System früher in den Hochschulen einführte, war noch nicht allgemein bekannt, wie gläsern diese Systeme den Arbeitnehmer für den Arbeitgeber machen. Inzwischen liegen massenhaft Erfahrungen vor. Einige Beispiele haben wir in unserer oben abgebildeten Dokumentation geschildert.

noch !

Das waren die 6 mehrseitigen Informationshefte, in denen die ÖTV-Betriebsgruppe den Kolleginnen und Kollegen das Ergebnis ihrer Recherchen zu Personalinformationssystemen mitteilte.

Die Erfahrungen mit Systemen wie PAISY und ISA führten auch zum Beschluß des DGB-Kongresses vom Mai 1982, zum Schutz der Würde des Menschen in der Arbeitswelt ein gesetzliches Verbot von Personalinformationssystemen anzustreben.

An diesen DGB-Positionen war der Kanzler freilich nicht orientiert. Bereits am 27. Juli 1981 versicherte er der HIS-GmbH schriftlich: "...hat sich die Universität entschieden, die schon vorhandenen HIS-Programme zu erweitern und HISPVS II einzuführen...Seitens der Universität kann mit konkreten Einführungsarbeiten wie Istaufnahme pp. Mitte September 1981 begonnen werden." Den Personalvertretungen sprach er vorsorglich gleich die Mitbestimmung ab. Am 30.11.81 meldete er das Vorhaben beim Minister an.

Ist PVS auf Dauer tot ?

Nach einer knappen Information im PR-Info kam die Einführung von PVS II auf der Personalversammlung vom 3.12.81 zur Sprache. Einstimmig wird eine gesonderte Personalversammlung beschlossen, die am 15.2.82 mit überwältigender Mehrheit eine von ÖTV und GEW eingebrachte Entschließung verabschiedete. Das Rektorat wurde darin gebeten, PVS II nicht einzuführen, die Personalräte aufgefordert, PVS abzulehnen.

Durch die intensive Diskussion aufmerksam geworden, setzte das Rektorat für den 17.5.82 eine eigene Informationsveranstaltung an. Sie wurde zum Fiasko für PVS, denn selbst die geladenen Referenten bestätigten die gewerkschaftlichen Bedenken.

Die Unterschriftensammlung kam danach erst richtig in Schwung. Zahlreiche Kolleginnen sammelten von sich aus und übergaben die ÖTV-Vertrauensleuten volle Listen aus ihrer Bereichen. Die beiden Personalvertretungen begründeten zusammen mit dem Sprecherrat ihre Ablehnung von PVS. Ende Juli faßte sogar der Senat einen Beschluß dagegen.

Noch während wir Vorbereitungen dafür trafen, die Unterschriftensammlung gezielt weiterzuführen, beschloß das Rektorat, PVS fallenzulassen. Allerdings nicht auf ewig.

Bisher laufende Systeme werden weitergeführt. Dazu gehört die Raumverwaltung per EDV und die Telefonkostenüberwachung, bei der alle Teilnehmernummern nach wie vor vollständig gespeichert werden. Auch Wähler- und Adressenlisten werden vermutlich mit EDV-Unterstützung erstellt. Teilsysteme sind also weiter vorhanden. Hier müssen die beiden Personalvertretungen wachsam bleiben und die Entwicklung genau verfolgen.

Eine ganz andere Frage ist, was geschieht, wenn das Ministerium jetzt, wo die ersten Hindernisse im Selbstlauf entstanden sind, die Universitäten auf dem Erlaßwege verpflichtet, PVS einzuführen. Das kann sehr schnell passieren. Die Aufgabe, das abzuwehren, wird dann noch größer, weil der Hauptpersonalrat zuständig wird, zwei Unis PVS schon untergejubelt bekamen, und andere räumlich sehr zersplittert sind. Doch wird auch die Betroffenheit größer, da es sich dann um das landesweite Personalinformationssystem handelt. Wir jedenfalls bleiben am Ball.

ötv

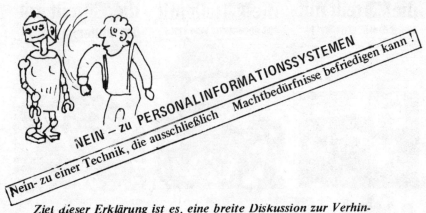

Ziel dieser Erklärung ist es, eine breite Diskussion zur Verhinderung von Personalinformationssystemen in Gang zu setzen.

Sie wurde von Betriebs und Personalräten und anderen aktiven Gewerkschaftern verfaßt und gebilligt. Sie stellt das bisherige Ergebnis eines intensiven Erfahrungsaustausches dar und ist Lern-und Denkergebnis.

Jeder , der die Grundeinstellung der Verfasser unterstützen kann (" bis hierher, und nicht weiter !") wird aufgefordert, dies mit seiner Unterschrift zu dokumentieren.

Adressaten der Aktion sind die Parteien, Gewerkschaften Kirchen , Datenschutzbeauftragte.

Mit betriebsverfassungsrechtlichen Instrumentarien ist diese Problematik von den Kollegen im Betrieb nicht zu lösen.. Dies geht nur noch Hand in Hand mit einer politisch engagierten Öffentlichkeit.

Am 5.Juni 1982 wollen wir im Rahmen einer öffentlichen Veranstaltung unsere Standpunkte erläutern und erhärten.

Als Tagungsort ist die "Krebsmühle" im Nordwesten Frankfurts vorgesehen.
Einladungen werden an jede entzifferbare Adresse auf den Unterschriftenlisten geschickt.

Kontaktadresse :
Gustav Rentzing
St. Gillesstr. 21
6o5 Offenbach
Tel: o611-835285

NEIN— zu PERSONALINFORMATIONSSYSTEMEN

Ziel des Arbeitgebers war es schon immer, durch ein umfangreiches Wissen über die Person und das Leistungsverhalten seiner Beschäftigten Herrschaft auszuüben. Bisher wurde schon eine Vielzahl von Datenkarteien geführt. Dies geschah traditionell an dezentralen Stellen wie Arbeitsplatz, Abteilung, Personalbüro, Lohnbüro, Unfallstelle, Werksarzt, Arbeitsschutz- und Sicherheitsabteilung, Werkschutz, usw.
Eine Auswertung all dieser Karteien konnte in der Vorkomputerzeit nur mit großem Aufwand und nur in Einzelfällen geschehen. Eine Gesamtauswertung in Betrieben mit größeren Beschäftigtenzahlen war so gut wie ausgeschlossen. Der Zeitraum zwischen Datenerfassung und Auswertung war zu groß.
Durch die neue Computertechnologie können jetzt alle Daten über die Beschäftigten, die verstreut vorliegen und laufend anfallen, permanent abgespeichert und jederzeit abgerufen, ausgewertet und mit anderen verknüpft werden.
Mit diesen Datenerfassungssystemen fängt man direkt am Arbeitsplatz an. Dort wird erfaßt, was, von wem, in welchem Zeitraum und an welcher Maschine geleistet wird. Zu diesen Daten direkt aus dem Produktionsprozeß werden solche über die Beschäftigten gesammelt: Lebenslauf, geistiges und körperliches Können, Behinderungen, soziales Verhalten, Krankheitstage, allgemeine Fehlzeiten, Religion, Familienverhältnisse, bargeldlose Kantinenabrechnung, Daten der Betriebskrankenkassen (welche Krankheiten man hatte, wie lange sie dauerten, ob sie häufiger auftreten usw)
Durch maschinenlesbare Ausweise können zeitgenaue Zutrittskontrollen in verschiedenen Bereichen des Betriebes durchgeführt werden. So ist erfaßt ob man zu spät kommt, wann und wie lange man in einer Abteilung war, ob man befugt war, die Abteilung zu betreten.
Für diese Datenerfassung müssen also Mensch und Arbeitsprozeß total in meßbare Einzelteile zerstückelt werden. Unsere Phantasie, Kreativität, eigenständiges Denken und Gefühle sind dabei Störfaktoren.
Gefragt sind wir ausschließlich als zurechtgestutzte und auswechselbare Teile von Maschinen.
Der Beschäftigte existiert nur noch in Daten, wie: Länge der Arme, Alter, Muskelkraft, Ausbildung, körperliche Gebrechen, Verhaltensweisen, usw. Diese Einzelteile werden in die Personaldatenbanken wie Ersatzteile eingelagert. Je nach Bedarf werden sie dann aus dem Ersatzteillager herausgeholt und für den Arbeitsprozeß zurechtmontiert. Sollte das vorhandene Material den Erfordernissen nicht entsprechen, so wird es ausgewechselt, daß heißt, versetzt oder entlassen.
War bisher im Rahmen des Arbeitsauftrages und der Vorgabezeit jeder noch in der Lage sich Freiräume durch Routine und Geschicklichkeit zu verschaffen, sind heute durch die Zeiterfassung an den Maschinen und Apparaten ständig und sofort die genaue Uhrzeit und Dauer des Stillstandes ermittelbar und stehen der Produktionskontrolle zur Verfügung.
Das Wissen, in all ihrem Tun erfaßt zu werden, führt bei den Beschäftigten zur Selbstbeschränkung und Einschränkung der Kommunikation und aller sozialen Kontakte im Betrieb, um ja nicht durch unerwünschtes Verhalten dem Arbeitgeber unangenehm aufzufallen, und dem Ergebnis, sich noch uneingeschränkter dem Arbeitsprozeß unterzuordnen.

Die computermäßige Erfassung und Verplanung der Beschäftigten ist der bisher massivste Angriff auf die Reste der noch bisher im Betrieb bestehenden Menschenwürde.

Die Datensammelei führt auch dazu, daß gewerkschaftliche Aktivität und kollektive Interessenwahrnehmung jederzeit kontrolliert und eingeschränkt werden können. Aktive Kollegen können gezielt mit "Erkenntnissen" aus ihren Personal- und Leistungsdaten unter Druck gesetzt werden.

Die totale Kontrolle ist nicht die einzigste Auswirkung von Informationstechnologie im Betrieb. Gleichzeitig muß der Beschäftigte an die computergesteuerten Arbeitsprozesse sein in langen Jahren erworbenes Fachwissen und seine Geschicklichkeit abgeben. Er wird zur reinen technischen Funktion des Produktionsablaufs herabgewürdigt. Der qualifizierte Facharbeiter wird zum angelernten Hilfsarbeiter, der Sachbearbeiter im Büro wird zum simplen Dateneingeber, der Laborant wird auf das Bedienen von automatischen Analysecomputern reduziert, usw.

Diese Reduzierung des Arbeitnehmers zum leicht austauschbaren Anhhängsel der Maschine findet ihre Zuspitzung in der Personalinformationstechnologie: Sie betrachtet den Einzelnen nicht mehr als Persönlichkeit, sondern lediglich als Summe der über ihn gespeicherten Daten.

Wie z.B. die Erfahrung mit I S A bei Daimler-Benz gezeigt hat, ist es eine Illusion zu glauben, daß man die "schlimmsten" Auswirkungen der Personalinformationssysteme durch Betriebsvereinbarungen und Absprachen verhindern könnte.

Daher ist die Zustimmung der Arbeitnehmer und ihrer Vertreter bei der Einführung dieser Systeme grundsätzlich zu verweigern!

Eine Zustimmung hätte nämlich zur Folge, daß sie die Konsequenzen für die Beschäftigten mit verantworten müßten. Die Auswirkungen dieser Kontroll- und Herrschaftstechnologie sind so grundlegend, daß sie niemals durch einen Interessensausgleich zwischen Betriebsrat und Arbeitgeber erträglich gemacht werden könnten.

Nur ein grundsätzliches Verbot der Erfassung und maschinellen Verarbeitung von personenbezogenen Daten kann den Beschäftigten ihre Persönlichkeit im Betrieb erhalten. Es erweist sich heute schon als kaum wieder gut zu machender Fehler, daß wir dies alles bisher zu Lohnzahlungszwekken zugelassen haben.

Die freie Entfaltung der Person - auch im Betrieb - muß Vorrang haben vor allen Argumenten der Konkurrenzfähigkeit und Produktivitätssteigerung.

Wir fordern alle Personen und Institutionen auf, die mit uns der Überzeugung sind, daß Personalinformationssysteme ein Angriff auf die Menschenwürde sind, mit Phantasie, Kreativität, eigenständigem Denken und Gefühl diese Systeme zu verhindern.

Bis jetzt unterstützten und beeinflußten den Aufruf:

Betriebs- und Personalräte, Vertrauensleute und Einzelpersonen aus: Bayer AG Leverkusen, Degussa Köln, C.F.Schröder Han.Münden, Schering AG Berlin, Westf.Zellstoff Han.Münden, Merck Darmstadt, Ciba-Geigy Grenzach, Broscheck Druck Hamburg, Linde AG -Vitakraft- Stadtwerke- Chemigrafische GmbH - Albert- Klinik- Caritas- Achaffenburg, Gruner und Jahr Hamburg, TU-Berlin, Klöckner-Humbold Deutz, Universität Bochum, Opel Bochum, ÖTV Andernach, Bettinaschule Frankfurt, Dresdener Bank Hamburg, Volvo Dietzenbach, Hoechst AG Frankfurt, Nixdorf Wiesbaden, Röhm Darmstadt, Universität Stuttgart, Daimler Benz Stuttgart, Daimler Benz Bremen, Zentralkrankenhaus Bremen Universitätsbibliothek Bremen, Deutsche Bibliothek Frankfurt Bundespost Frankfurt, BBC Frankfurt, Stadtwerke Frankfurt, Deutsche Bundesbank Frankfurt, HHAL Hamburg, Hoechst AG Griesheim, FORBIT Hamburg, Amt f.Industrieund Sozialarbeit Frankfurt.

3.6.060

Antragsteller:
BBG-Tag TAB

Betriebsdatenerfassung und computergestützte Personal-Informationssysteme

Der Bundeskongreß möge beschließen:

Der DAG-Bundesvorstand wird beauftragt, mit allen geeigneten Mitteln darauf hinzuwirken, daß computergestützte Informationssysteme, soweit mit ihnen durch Sammlung, Auswertung und Vergleich von persönlichen und Arbeitsplatzdaten eine lückenlose Überwachung und Leistungskontrolle der Arbeitnehmer sowie eine systematische Aussonderung sogenannter leistungsgewandelter Beschäftigter erfolgt, gesetzlich verboten werden. Dies kann im Rahmen der Verbesserung des Arbeitnehmerdatenschutzes geschehen.

Der DAG-Bundesvorstand wird aufgefordert, eine Bestandsaufnahme geplanter und schon existierender Personalinformationssysteme durchzuführen. Auf dieser Grundlage soll ein gewerkschaftspolitisches Konzept für die betriebliche Ebene zur Früherkennung und solidarischen Abwehr drohender oder bereits installierter Personalinformationssysteme entwickelt werden. Die zielgerichtete Schulung der Betriebs- und Personalräte in dieser Angelegenheit ist zu intensivieren.

12. Ordentlicher Bundeskongreß des DGB – 1982 –

Initiativantrag 7: Personalinformationssysteme

Der DGB-Bundesvorstand wird beauftragt, mit allen geeigneten Mitteln darauf hinzuwirken, daß unter Berücksichtigung von Persönlichkeitsrechten und aufgrund der Würde des Menschen in der Arbeitswelt langfristig automatisierte Personalinformationssysteme einschließlich solcher Teilsysteme und Datensammlungen, die zu solchen umfassenden Systemen ausgebaut werden sollen, verboten werden.

Der DGB wird aufgefordert, eine Bestandsaufnahme geplanter und schon existierender Personalinformationssysteme durchzuführen. Auf dieser Grundlage soll gemeinsam mit den Einzelgewerkschaften ein gewerkschaftspolitisches Konzept auf betrieblicher Ebene zur Früherkennung und solidarischen Abwehr drohender oder bereits installierter Personalinformationssysteme entwickelt werden.

9. Ordentlicher Gewerkschaftstag der ÖTV – 1980

Antrag 899
Personalinformationssystem

1. Die Einführung bzw. weitere Anwendung von Personalinformationssystemen wird abgelehnt.

2. Deshalb sind alle vorbereitenden Arbeiten zur Einführung von Personalinformationssystemen wie z. B. von automatisierbaren Beurteilungssystemen, Befähigungsprofilen, die Erarbeitung von automatisierbaren Stellenanforderungsprofilen, sowohl auf betrieblicher als auch auf überbetrieblicher Ebene zu verhindern.

3. Bereits bestehende Personalinformationssysteme bzw. Teile solcher Systeme, sind abzuschaffen. Die Vernichtung dieser Daten ist von betrieblichen und gewerkschaftlichen Interessenvertretern zu überwachen.

Begründung

In Betrieben und Verwaltungen wird seit einiger Zeit verstärkt die Einführung von Personalinformationssystemen durch die Arbeitgeber vorangetrieben. In Personalinformationssystemen werden sowohl arbeitnehmerbezogene Daten als auch z. B. Stellenanforderungsprofile automatisiert verarbeitet. Dabei können bis zu 500 Daten jedes einzelnen Mitarbeiters erfaßt werden.

Durch Personalinformationssysteme erfolgt:

- Die dauernde Kontrolle und Überwachung der Leistung und des persönlichen Verhaltens von Arbeitnehmern,

- die gezielte Auslese von Arbeitnehmern für Personalentscheidungen, wie z. B. Umsetzung, Höhergruppierung, Abgruppierung, Entlassung usw.,

- der Abbau von Freiräumen für Arbeitnehmer, erhöhter Leistungsdruck und Disziplinierung.

Ziel der Arbeitgeber ist es, über Personalinformationssysteme zur Einsparung von Personalkosten personalwirtschaftliche Maßnahmen zu treffen, die Arbeit zu intensivieren, Beschäftigte planbarer, kontrollierbarer und steuerbarer zu machen und damit die Arbeitsbedingungen von Arbeitnehmern entscheidend zu verschlechtern.

Die Vorbereitungen zur Einführung von umfassenden Personalinformationssystemen sind in vollem Gange. Beurteilungssysteme in automatisierbarer Form einschließlich der Regelbeurteilung sind bereits teilweise eingeführt bzw. in Vorbereitung. Es werden Versuche unternommen, Anforderungen an Arbeitsplätze in automatisierbarer Form zu erfassen. Daneben sind durch die weitgehende automatisierte Lohnzahlung bereits in größerem Umfange Personaldaten gespeichert. Alle vorbereitenden Arbeiten zur Einführung von Personalinformationssystemen sind wegen den absehbaren Konsequenzen für Arbeitnehmer sowohl auf der betrieblichen Ebene als auch auf der überbetrieblichen Ebene mit allen zur Verfügung stehenden Mitteln von ÖTV-Mitgliedern zu verhindern. Der Versuch der Arbeitgeber, die Mitbestimmung von Betriebs- und Personalräten in jedem Einzelfall auszuschalten, muß unbedingt abgewehrt werden.

Verbot von Personalinformationssystemen

721 Antragsteller:
Verwaltungsstelle Darmstadt

Der 14. ordentliche Gewerkschaftstag möge beschließen:

Der 14. ordentliche Gewerkschaftstag der IG Metall stellt fest, daß die Anwendung von Personalinformationssystemen (PIS) in den Unternehmen schon sehr weit fortgeschritten ist und ständig weiter zunimmt.
Immer mehr Beschäftigte sind durch solche Systeme bedroht und werden, wenn kein Einhalt geboten wird, zum „gläsernen Menschen".
Die Möglichkeit der sekundenschnellen Verknüpfung und Auswertung aller gespeicherten Daten sowie die Vernetzung mit anderen EDV-Systemen ermöglichen einen erneuten, entscheidenden Machtzuwachs und sind somit ein weiteres Herrschaftsinstrument der Unternehmer.

Deshalb müssen die Personalinformationssysteme durch den Gesetzgeber verboten werden.
Sollte der Gesetzgeber das Verbot von Personalinformationssystemen verzögern, beauftragt der 14. ordentliche Gewerkschaftstag'den Vorstand der IG Metall, darauf einzuwirken, daß vorab folgende Mindestbedingungen tarifvertraglich geregelt werden:
Bis zum Abschluß entsprechender Tarifverträge hat die IG Metall alle Betriebsräte zu unterstützen, daß diese Mindestbedingungen in Betriebsvereinbarungen geregelt werden und unter die volle Mitbestimmung des Betriebsrates fallen.

1. Die Einführung sowie die Anwendung eines Personalinformationssystems.
2. Der gesamte Datenkatalog und alle Datenfelder/Datensätze.
3. Jede Erweiterung und Veränderung des Personalinformationssystems und des Datenkatalogs.
4. Jeder Datenlauf mit personenbezogenen Daten ist mitbestimmungspflichtig. Auch gleiche, sich wiederholende Läufe sind erneut mitbestimmungspflichtig.
5. Es sind Löschungsfristen zu vereinbaren.
6. Hardware (Maschinen und Anlagen) darf nur eingesetzt werden, wenn diese technisch in der Lage sind, alle Datenläufe lückenlos aufzuzeichnen.
7. Gleiches gilt sinngemäß für die Software (Programme).
8. Die Punkte 6 und 7 sind die Voraussetzung für lückenlose und lesbare Protokolle und somit Kontrolle durch den Betriebsrat.
9. Bildschirmabfragen sind nur bei dem Einzeldatenstammsatz – Bearbeitung – zulässig.
10. Die Zugriffberechtigten sowie deren Zugriffberechtigung sind zu vereinbaren.
11. Die am Personalinformationssystem Beschäftigten sind dem Betriebsrat gegenüber zur Auskunft berechtigt und verpflichtet.
12. Der betriebliche Datenschutzbeauftragte darf nicht gegen den Willen des Betriebsrates bestellt werden.
13. Werden dem Betriebsrat Verstöße bei Personalinformationssystemen gegen Vorschriften aus einem Tarifvertrag oder einer Betriebsvereinbarung bekannt, kann er außerordentlich die Betriebsvereinbarung kündigen.
Eine Betriebsvereinbarung wirkt in diesem Falle nicht nach.
Die fristlose Kündigung führt zum Verbot der Anwendung des Systems, zumindest in dem Teilbereich, in dem der oder die Verstöße Anlaß zur fristlosen Kündigung gaben.
14. Weitergabe von Daten an Dritte ist unzulässig, es sei denn, ein Gesetz, eine Verordnung oder ein Tarifvertrag schreibt dies vor.
15. Alle Beschäftigten erhalten im Klartext jährlich einen Ausdruck der über sie gespeicherten Daten sowie deren Verwendung.

Unzulässig sind:
1. Die Verarbeitung von personenbezogenen Daten in anderen Systemen.
2. Es dürfen keine Persönlichkeitsprofile hergestellt werden.
3. Ebenfalls dürfen keine Arbeitsplatzprofile hergestellt werden.
4. Leistungskontrollen durch Personalinformationssysteme sind verboten.
5. Krankheitszeiten dürfen nicht für Selektionsläufe benutzt werden.

Die genannten Punkte beinhalten Mindestforderungen, die noch vor einem gesetzlichen Verbot von Personalinformationssystemen durchgesetzt werden müssen.

Um diese berechtigten Forderungen glaubhaft vertreten zu können, ist es notwendig, den Vernebelungskampagnen der Unternehmer entgegenzutreten.

Es darf deshalb nicht länger hingenommen werden, daß behauptet wird, Gewerkschaften und gemeinwirtschaftliche Unternehmen würden mit Personalinformationssystemen ähnlich verfahren wie die Unternehmer.

Richtig ist, daß lediglich zu Abrechnungszwecken bei Gewerkschaften und bei gemeinwirtschaftlichen Unternehmen entsprechende Systeme eingesetzt sind.

Deshalb beschließt der 14. ordentliche Gewerkschaftstag, daß der Vorstand der IG Metall auf allen Ebenen seinen Einfluß geltend macht, daß hier mustergültige Betriebsvereinbarungen abgeschlossen werden, in denen die in diesem Antrag festgelegten Grundsätze exemplarisch geregelt werden. Der 14. ordentliche Gewerkschaftstag ist überzeugt, daß dieser erste Schritt einer der leichtesten ist, denn es handelt sich um unseren gewerkschaftlichen Bereich.

Nach diesem positiven Beispiel wird der Kampf gegen die Personalinformationssysteme leichterfallen.